新时代高校财务预算管理的创新策略研究

蒋 萌 著

H.P.H 哈尔滨出版社
HARBIN PUBLISHING HOUSE

图书在版编目（CIP）数据

新时代高校财务预算管理的创新策略研究 / 蒋萌著
. -- 哈尔滨 : 哈尔滨出版社, 2023.11
ISBN 978-7-5484-7638-2

Ⅰ. ①新… Ⅱ. ①蒋… Ⅲ. ①高等学校 – 财务管理 – 研究 – 中国 Ⅳ. ①G647.5

中国国家版本馆CIP数据核字(2023)第224050号

书　　名：新时代高校财务预算管理的创新策略研究
XINSHIDAI GAOXIAO CAIWU YUSUAN GUANLI DE CHUANGXIN CELÜE YANJIU

作　　者：蒋　萌　著
责任编辑：韩金华
封面设计：蓝博设计

出版发行：哈尔滨出版社（Harbin Publishing House）
社　　址：哈尔滨市香坊区泰山路82-9号　　邮编：150090
经　　销：全国新华书店
印　　刷：武汉鑫佳捷印务有限公司
网　　址：www.hrbcbs.com
E-mail：hrbcbs@yeah.net
编辑版权热线：（0451）87900271　87900272
销售热线：（0451）87900201　87900203

开　　本：787mm × 1092mm　1/16　印张：9.75　字数：230千字
版　　次：2023年11月第1版
印　　次：2023年11月第1次印刷
书　　号：ISBN 978-7-5484-7638-2
定　　价：68.00元

前言

PREFACE

随着社会的迅速演变和知识经济的蓬勃发展，高等教育作为人才培养、科学研究和文化传承的重要阵地，正面临着前所未有的挑战和机遇。在这个充满变革的新时代，高校财务预算管理作为支持学校可持续发展的关键要素，正呼唤着创新思维和策略的引领。《新时代高校财务预算管理的创新策略研究》涉及领域广泛，旨在从理论和实践角度，深入研究财务预算管理在新时代的创新路径，为高等教育机构的财务预算管理提供有益的思考和借鉴。

在新时代，高校财务预算管理已经超越了单纯的数字运算和支出控制，而成为高校战略管理的重要支撑。这不仅仅体现在对资源的科学配置和资金的合理利用上，更涉及高校的战略定位、人才培养模式及国际竞争力的提升。因此，本书从多个维度出发，深入探讨新时代高校财务预算管理所面临的挑战和机遇，并系统性地提出了一系列创新策略，旨在为高校领导者、财务管理者和研究者提供有价值的参考。

《新时代高校财务预算管理的创新策略研究》包含了对传统高校财务预算管理方法的批判性分析，深入剖析了其面临的局限性和不足之处。同时，针对信息技术快速发展的趋势，书中强调了信息技术在财务预算管理中的应用前景，包括大数据分析、人工智能技术、数据挖掘技术等，这些前沿技术的应用不仅提高了财务预算管理的精确度和效率，也为财务管理者提供了更多战略决策的支持。

本书不仅停留在理论层面，更注重将理论与实践相结合。通过案例分析和实际经验分享，我们试图为高校财务预算管理者提供一些可行的策略和方法，以应对日益复杂多变的环境。在新时代，高校财务预算管理需要以更加灵活、科学、智能的方式进行，以适应高校发展的需求。

最后，《新时代高校财务预算管理的创新策略研究》的出版，离不开众多学者、专家和实践者的支持和贡献。衷心感谢所有为本书提供智力支持和帮助的人们，正是你们的付出，使得这本书充满了学术价值和实用意义。希望《新时代高校财务预算管理的创新策略研究》能够成为高校财务预算管理领域的有益参考，为推动高等教育机构的可持续发展作出贡献。

目录
CONTENTS

第一章　导论

第一节　研究背景与意义

一、教育体系的演变与高校财务预算管理需求

（一）教育体系的演变与多元化管理要求

随着社会经济的不断发展和科技的迅速进步，高等教育在全球范围内正经历着深刻的演变和变革。传统的以知识传授为主的教育模式逐渐被取代，取而代之的是更加关注学生综合素质的教育范式。高校不仅要培养学生的学科知识，更要注重培养学生的创新能力、实践能力和团队协作能力。这种教育目标的多元化和综合化要求，使得高校财务预算管理也面临着更为复杂的挑战。

多元化管理要求高校在资源配置、运营管理等方面有更高的灵活性和适应性。然而，这也意味着高校财务预算管理需要面对来自内外环境的多重因素的影响。从外部来看，政策法规、社会需求及国际竞争等因素都会对高校财务预算管理产生影响。从内部来看，学科特点、学院之间的差异、师生构成等也会影响高校财务预算管理的策略制定和实施。

（二）高校财务预算管理与教育质量的关系

高等教育的质量直接关系着学校的声誉和影响力。然而，提供优质的教育需要充足的资金支持。教学设施、实验室设备、图书资源等的建设与更新，都需要大量的资金投入。高校财务预算管理在这一点上发挥着基础性的支持作用，确保学校有足够的资金用于支持教育教学活动。

高校财务预算管理不仅仅关乎资金的分配，更关乎如何使得资金投入产生最大的效益。在人才培养方面，财务投入的合理安排可以影响教学资源的配置，进而影响教学质量。例如，优质的师资队伍需要相应的薪酬、培训和科研支持，而这些都需要高校财务预算管理提供有力的支持。

（三）财务透明度与教育公信力

随着社会信息的透明化和公众意识的提升，高校的财务状况和资金使用情况受到了更多关注。社会各界对高校财务的透明度要求越来越高，希望能够了解学校的财务情况。这就需要高校财务预算管理在信息披露、报表公示等方面提供更加透明和可信的信息，以增强学校的公信力。

财务透明度不仅仅要满足政府监管的要求，更是建立学校社会形象的基础。通过公开透明的财务信息，学校能够树立起开放、诚信的形象，赢得社会的认可和支持。同时，财务透明度也能够增加学校内部的信任和合作，促进学校内部各部门的协同发展。

二、现代高校管理面临的挑战与机遇

现代高校管理面临着多元化、复杂化的情境。从校园内部管理到与外部社会的互动，高校管理者需要在兼顾多方利益的前提下作出决策。高校财务预算管理作为高校管理的重要组成部分，需要更加精细化地支持各项决策，以实现高校的整体目标。

（一）资金紧张与财务筹措难题

尽管高校的任务日益增加，但资金的获取并不容易。政府拨款、学费收入等资源有限，如何在有限资源下实现财务平衡，成为高校管理者需要认真考虑的问题。有效的高校财务预算管理可以帮助高校更好地分配资金，应对资金紧张的情况。

（二）创新与发展的资金支持

随着科技进步和社会发展，高校创新和发展的需求日益迫切。但创新往往需要大量资金的支持，包括科研项目、创业培育等方面。高校财务预算管理需要在确保基本运行的同时，合理配置资金，支持高校的创新和发展，以适应时代的要求。

第二节　研究目的与目标

一、主要研究目标的明确定义

（一）高校财务预算管理的现实问题

随着教育环境的变革和社会需求的升级，传统的高校财务预算管理方法已经面临着许多挑战。这些挑战包括资源分配不均衡、预算执行效率低下、财务透明度不足等。本研究的首要目标是深入分析和界定这些现实问题，准确把握新时代高校财务预算管理的瓶颈和难题。

（二）创新策略的探索与构建

本研究旨在通过对现有问题的深入研究，提出适应新时代需求的创新策略。这些创新策略将覆盖高校财务预算管理的各个环节，从编制到执行再到评估，以及财务管理人员的培养。通过探索新的方法和思路，我们希望能够构建起适应高校财务预算管理发展的新框架。

二、实现目标对高校财务预算管理的推动作用

新时代高校财务预算管理的创新策略不仅仅是为了解决问题，更是为了提升资源配置的效率和公平性。通过引入先进的信息技术和数据分析方法，我们可以更准确地了解各项支出的需求和优先级，从而实现资源的合理分配。这将有助于高校在有限的财务资源下实现最大的效益。

（一）推动高校整体发展的战略支持

本研究的创新策略将致力于从战略角度推动高校整体发展。通过高校财务预算管理的优化，我们可以更好地支持学校的发展战略，包括优化学科布局、提升科研创新、推动国际化发展等。这将使得高校财务预算管理成为高校战略决策的有力支持和保障。

（二）增强高校的社会形象和公信力

创新的高校财务预算管理策略也将在一定程度上影响高校的社会形象和公信力。通过提升

财务透明度、加强财务风险管理等，高校可以树立起更加开放、透明的形象，增强社会对高校的信任和认可。这对于高校的品牌建设和国际竞争力提升具有积极意义。

第三节　研究内容与范围

一、传统与现代高校财务预算管理的比较

（一）传统高校财务预算管理方法的特点

传统高校财务预算管理方法主要以经验为基础，偏重于历史数据的分析和运用。预算编制往往是单纯的数值运算，缺乏对内外部环境变化的敏感性。预算执行则常常受限于初始编制，难以灵活应对新情况。而传统的预算评估方法往往关注预算执行的结果，忽视了对过程的控制和优化。

（二）传统方法的局限性与问题

传统方法在逐渐复杂多变的高校管理环境中暴露出一些问题。首先，缺乏科学性和灵活性导致预算难以适应高校的发展需要。其次，缺乏有效的控制手段和数据支持，导致预算执行效果不佳。最后，单一的评估指标难以全面评价高校财务预算管理的绩效，从而影响了管理的优化和改进。

二、研究重点及涵盖的子领域

（一）预算编制方法与创新

1. 数据驱动的预算编制方法

在新时代背景下，数据分析和大数据技术正日益成为高校财务预算管理的重要工具。研究将深入探讨如何从海量数据中获取有价值的信息，通过数据分析方法识别出潜在的需求和趋势。这将使高校能够更准确地预测各项支出和收入，从而为预算编制提供更精确的依据。

2. 战略规划与预算编制的融合

传统的预算编制方法往往缺乏战略性，更多的是基于历史数据的延续。然而，在新时代高校财务预算管理中，预算编制应当与学校的战略规划相结合。研究将探讨如何在预算编制过程中融入战略规划的因素，使预算更具有前瞻性和指导性，更好地支持学校的发展。

（二）优化预算执行与控制策略

1. 引入物联网技术的预算执行监控

新时代的物联网技术为高校财务预算管理的执行和控制带来了新的机遇。研究将探索如何通过物联网技术实现预算执行的实时监控。传感器、设备联网等技术将使得预算执行过程中的数据获取更加准确和及时，管理者可以实时了解各项支出和收入情况，做出更有针对性的调整。

2. 数据挖掘技术在预算控制中的应用

除了实时监控，数据挖掘技术也可以帮助高校在预算控制方面取得更好的效果。研究将探讨如何通过数据挖掘方法发现隐藏在数据背后的规律和关联，帮助管理者及早发现问题并制定应对策略。这将使得预算控制更具有科学性和精准性。

（三）预算评估与绩效改进方法

1. 智能分析技术在预算评估中的应用

传统的预算评估主要关注结果，而在新时代，管理者更需要了解预算执行的过程和细节。研究将探讨如何利用智能分析技术对预算执行过程进行评估，从而更好地把握管理绩效和优化方向。这将为高校管理者提供更全面的决策支持。

2. 评估结果的实时应用与优化

本研究还将关注如何将评估结果应用于预算的实时调整和优化。通过将评估结果与实际执行数据相结合，高校可以更及时地发现问题和不足，及时进行预算的调整和优化。这将使得高校财务预算管理更加灵活和有效。

第四节　研究方法与框架

一、方法选择的合理性解释

（一）方法选择的背景与重要性

本研究旨在探索新时代高校财务预算管理的创新策略，需要借助适当的研究方法来解决复杂的实际问题。在面对多个子领域的研究重点时，选择合适的方法能够保证研究的科学性和实用性。方法选择的合理性将直接影响到研究的可信度和有效性。

（二）方法选择的考虑因素

在研究方法的选择上，本研究将充分考虑以下几个因素：问题的性质、数据的可获得性、研究的实际可操作性及方法的先进性。针对预算编制、执行、评估等不同子领域，我们可能会采用定性研究、定量研究、案例分析等不同的方法来获取全面的研究结果。

二、研究框架的构建与步骤概述

（一）框架构建的目的与意义

本研究的研究框架将为研究过程提供指导，使得研究过程有条不紊地进行。研究框架将有助于将不同子领域的研究内容整合起来，形成一个完整的研究体系。同时，研究框架也能够帮助研究者把握研究的重点，确保研究的深入和系统性。

（二）框架构建的步骤

构建研究框架的过程需要经过以下几个步骤：

1. 问题定义与范围界定

首先，需要明确研究的问题和范围，明确要解决的问题是什么，以及要研究的领域有哪些子领域。

2. 确定主要研究内容

根据问题定义，确定各个子领域的主要研究内容，包括预算编制方法、预算执行与控制策略、预算评估与绩效改进方法等。

3. 确定研究方法

针对不同的子领域，选择合适的研究方法，可以是定性研究、定量研究，或者是案例分析等。确保方法的选择与问题的性质相匹配。

4. 构建框架结构

在确定了研究内容和方法后，将不同子领域的研究内容组织起来，构建出一个有层次结构的研究框架，以确保研究的逻辑性和完整性。

第二章　高校财务预算管理概述

第一节　高校财务预算管理的概念与特点

一、高校财务预算管理的定义与内涵

高校作为知识传承、科学研究、人才培养的重要阵地，在现代社会中扮演着举足轻重的角色。然而，高校的发展离不开充足的财务资源支持，这使得高校财务预算管理成为高校管理中的重要环节。

（一）高校财务预算管理的定义

高校财务预算管理是高等教育机构为达成其使命与愿景，实现教育、教学、科研、创新和综合发展等战略目标，根据一定时间范围内的战略规划，对可用财务资源进行策略性获取、科学合理分配与有效利用的全过程。这个全面性过程包含了财务资源的获得、预算编制、预算执行及结果评估等多个关键环节。

在财务资源的获得阶段，高校需要通过多种途径，如学费收入、政府拨款、捐赠和科研经费等，筹集资金以支持各项任务。随后，高校应在充分调研的基础上，进行预算编制，将获得的资金按照战略目标的重要性和优先级，合理分配给不同领域和项目。预算执行阶段要求高校严格按照预算计划使用经费，确保资源使用的透明度和合规性，同时具备一定的灵活性，以应对可能出现的变化和紧急情况。

在整个过程中，结果评估是至关重要的一环。高校需要定期对预算执行情况进行评估和监控，对各项活动的成果与投入进行对比和分析，以判断资源分配的效果，并根据评估结果进行必要的调整和优化。这有助于确保财务资源得到最大化的效益，支持高校各项任务的顺利展开。

高校财务预算管理不仅关乎财务资源的科学配置，也直接影响到高校的整体发展和竞争力。它需要高校内部各个部门的紧密协作与沟通，以确保资源合理流动和协同作用。同时，管理团队应密切关注外部环境的变化，灵活调整预算策略，以适应教育领域和社会的不断变化与发展需求。通过有效的高校财务预算管理，高校可以更好地实现财务可持续发展，提升教育质量、学术研究水平，从而在教育界和社会中获得更大的影响力。

（二）高校财务预算管理的重要性

1. 整合战略目标与财务规划

（1）高校财务预算管理与战略一体化

高校财务预算管理将高校的长期战略目标与财务规划紧密结合，通过预算的编制和执行，将抽象的战略目标转化为具体的资源分配计划。这种一体化的方法有助于将高校的战略愿景融

入实际运作中，使各项财务决策与长远发展目标保持一致性。

（2）优先级与目标达成

在高校财务预算管理过程中，高校需要根据战略规划确定各项目标的优先级。通过设定明确的优先次序，高校可以将有限的财务资源首先投入对战略目标达成具有重要影响的领域。这确保了财务资源的有序分配，避免了零散的资源浪费，从而更好地实现战略目标。

（3）灵活应变与变革

高校财务预算管理需要具备一定的灵活性，以适应外部环境变化和内部战略调整。随着社会、科技和经济的不断演变，高校战略规划可能需要进行调整。高校财务预算管理应允许在预算周期内对资源分配进行适度调整，以满足新的战略需求，从而确保高校能够及时有效地应对变化与挑战。

2. 资源优化配置

（1）资源分配效率

高校财务预算管理在资源配置方面起到了优化效果。高校财务预算管理过程中，高校需对各项支出进行合理评估和规划，确保每一笔经费都能够最大程度地产生积极效益。通过科学的资源分配，高校能够避免过度投入某一领域而导致其他领域资源匮乏的情况，从而实现资源的均衡利用。

（2）风险管理与稳定发展

高校财务预算管理还能够帮助高校进行风险管理，降低财务风险的可能性。透过预算编制和执行，高校可以更好地预见资源短缺、超支等潜在问题，及时采取调整措施，保持财务稳定，确保高校持续稳健发展。

（3）创新与投资

高校财务预算管理也为高校的创新和投资提供了支持。合理的预算规划可以为高校创新项目提供资金支持，促进科研成果转化和产业合作。此外，高校财务预算管理还能够鼓励高校寻求外部资金，如合作项目、产业赞助等，拓展财务资源的来源，从而推动创新和发展。

3. 提升综合竞争力

（1）教育质量与师资队伍建设

高校财务预算管理直接影响高校的教育质量和师资队伍建设。通过合理分配经费，高校可以提供更好的教学设施、师资培训等，从而提升教育水平和教学质量。优质的教育资源吸引优秀师生，进一步提升高校的知名度和影响力。

（2）科研创新与学术影响

适当的高校财务预算管理有助于支持高校的科研创新和学术研究。充足的科研资金能够促进创新项目的开展，推动科研成果的产出。优秀的研究成果提升学术声誉，加强高校在学术界的影响力，进而提高综合竞争力。

（3）基础设施与国际合作

高校财务预算管理还能够支持基础设施建设和国际合作。充足的财务资源可以用于更新和建设校园设施，提供更好的学习和研究环境。同时，高校预算财务管理也能够支持高校开展国际合作项目，扩大国际影响力，吸引国际优秀师生，促进高校的国际化进程。

（4）品牌建设与社会影响

有效的高校财务预算管理有助于高校的品牌建设和社会影响力提升。通过合理利用财务资源，高校可以开展更多的社会责任项目、公益活动等，积极参与社会事务，树立积极的社会形象，进一步提升高校在社会中的地位和声誉。

（三）高校财务预算管理的内涵

1. 基于战略目标的框架与指导思想

（1）战略目标的确定

高校财务预算管理的内涵首先体现在其基于战略目标的框架与指导思想上。高校作为知识传承和创新驱动的场所，其发展需要清晰的战略目标。高校财务预算管理将这些战略目标转化为具体的财务资源分配计划，以确保财务支出与学校的发展方向相一致。

（2）框架与指导思想的制定

在确定战略目标的基础上，高校需要制定相应的财务预算框架和指导思想。这包括确定预算编制的原则、预算分配的重点领域、资源配置的基本方向等。这些框架和指导思想将在整个高校财务预算管理过程中发挥指导作用，确保财务支出与学校发展战略的一致性。

2. 合理划分支出项目的预算数额

（1）预算编制的重要性

高校财务预算管理的另一个重要方面是合理划分支出项目的预算数额。这涉及学校各项支出的科学估计和分配。预算编制需要考虑到学校各项工作的需求，如教学、科研、设施建设等，以确保每个领域都能获得足够的财务支持。

（2）资源优化配置的原则

在划分预算数额时，需要遵循资源优化配置的原则。这意味着将有限的财务资源分配到对学校整体发展最有利的领域，避免资源的浪费和过度集中。在这一过程中，高校需要权衡不同领域的需求，确保资源的均衡分配。

3. 确保预算的执行与绩效评估

（1）预算执行的重要性

高校财务预算管理还涉及确保预算的执行。预算只有得到有效执行，才能够支持高校各项工作的开展。因此，高校需要建立相应的预算执行机制，明确责任分工，确保各项支出按照预算计划进行。

（2）绩效评估的意义

高校需要对预算执行过程进行评估，分析预算的实际绩效与预期目标之间的差距。通过绩效评估，高校可以及时发现问题，优化预算执行策略，确保资源得到最大程度的利用。

4. 持续改进的策略与方法

（1）不断优化的过程

高校财务预算管理的最终目标是实现持续改进。这意味着在不断实践中，高校需要总结经验，发现问题，进行调整和改进。高校财务预算管理策略和方法需要与时俱进，以适应外部环境和内部需求的变化。

（2）创新与变革

为了实现持续改进，高校需要不断进行创新与变革。这包括在预算编制、执行、评估等各个环节中引入新的理念和方法，以提高高校财务预算管理的效率和效果。

二、不同类型高校财务预算管理的共性特点

不同类型的高校，如综合大学、工科院校、艺术院校等，在其办学特点、发展目标、师生结构等方面存在显著差异。然而，无论高校类型如何，都需要进行财务预算管理来保障其正常运转和发展。

（一）财务目标的一致性

虽然高校的办学定位各异，但在高校财务预算管理方面，普遍都需要保障财务稳健、支持教学科研、提升师生福利等共性目标。因此，不同类型高校的财务预算管理都需要在一致性的基础上，根据自身特点进行合理调整。

1. 不同类型高校的办学定位与财务目标

（1）高校办学定位的多样性

不同类型的高校在办学定位上呈现出多样性。综合大学注重培养全面发展的人才，工科院校强调科技创新，艺术院校注重艺术人才的培养等。这些不同的定位决定了高校在教学、科研、社会服务等方面的重点和特点。

（2）共性的财务目标

尽管高校的办学定位各异，但在高校财务预算管理方面却存在着一些共性的财务目标。这些目标主要体现在财务稳健、教学科研支持、师生福利提升等方面。不同类型的高校都需要确保财务收支平衡，防范财务风险，以维护高校的财务稳健。

2. 财务目标一致性的意义

（1）财务资源有限性的制约

不同类型的高校在财务资源方面都面临一定的限制。财务资源有限性决定了高校需要在不同领域之间进行权衡和分配。虽然办学定位不同，但各高校都需要在资源的有限性下实现财务支出的合理安排。

（2）教育与科研的共同依赖

高校的教育和科研是相辅相成的。无论是综合大学还是工科院校，都需要教学和科研的有机结合，以培养具有创新能力的高素质人才。因此，支持教学和科研是财务目标的共性。

3. 调整与合理性的高校财务预算管理

尽管存在财务目标的一致性，但不同类型高校的特点也需要得到充分考虑。在高校财务预算管理中，需要在保障共性目标的基础上，根据不同类型高校的实际情况进行合理调整。例如，综合大学可能会在教学和科研方面投入更多资源，而艺术院校可能会更注重创作和演出支持。

（二）资源配置的灵活性

高校财务预算管理需要具备一定的灵活性，以应对不断变化的内外部环境。无论是面对经济波动、政策调整，还是学校内部的发展需求变化，高校财务预算管理都需要能够灵活调整资源配置，确保资源的合理利用。

1. 变化多样的内外部环境

（1）经济环境波动

全球和国内的经济环境都可能面临波动，这会直接影响高校的财务状况。经济不景气可能导致政府拨款减少，学费收入下降，甚至是捐赠减少，从而影响学校财务资源的可用性。灵活性使高校能够在经济波动时调整支出，控制成本，确保财务稳定。

（2）政策调整与法规变化

政府政策和法规的变化可能会对高校财务预算管理产生重大影响。政府可能会调整高校的拨款政策，或者出台新的教育政策，需要学校相应地调整资源配置以适应政策变化。灵活性使高校能够快速适应政策调整，避免资源浪费和投资方向的错误。

（3）市场竞争与需求变化

高等教育市场竞争激烈，学生的需求和偏好也可能发生变化。如果某个专业或课程的需求下降，学校可能需要重新分配资源，加强其他具有市场需求的领域。灵活性使高校能够根据市场需求的变化，调整教学计划和资源配置，保持教育质量和市场竞争力。

2. 灵活性在高校财务预算管理中的体现

（1）预算编制与执行的弹性

在高校财务预算管理中，预算编制应该考虑到未来可能出现的各种情况。灵活性在预算编制阶段的体现是设置一定的预算弹性，以应对不确定因素。预算执行阶段，高校应根据实际情况进行灵活调整，比如根据经济状况和需求变化，对各项支出进行适度调整。

（2）多样化的资源配置策略

高校财务预算管理的灵活性体现在资源配置策略的多样性上。在不同的情况下，高校可以采取不同的资源分配策略，如重点支持某一领域的发展、根据市场需求调整专业设置等。这种多样性的策略使高校能够根据不同需求和变化灵活调整资源分配。

（3）敏捷应对变化的机制

高校需要建立敏捷的财务管理机制，使其在面对突发情况或者变化时能够及时作出反应。这可能包括设立紧急预算池，以备不时之需；建立快速决策机制，以便在迅速变化的情况下做出适应性调整；制定风险管理策略，减轻外部不确定性带来的影响。

（4）跨部门协同与信息共享

灵活性在高校财务预算管理中需要各部门之间的紧密协作和信息共享。不同部门之间的信息流通畅通，可以使得高校更迅速地掌握内外部环境的变化，并且更快速地做出相应调整。跨部门的协同还有助于将资源有效整合，以应对资源分配中可能出现的挑战。

（5）持续监测与评估机制

灵活性需要建立持续监测与评估机制，以确保资源调整的效果。高校应定期对资源配置和预算执行情况进行评估，比较预算计划与实际执行的差异，及时发现问题并进行调整。这种持续反馈机制有助于不断优化高校财务预算管理策略。

（三）财务透明度与社会责任

所有类型的高校都面临来自社会各界的关注和监督，因此财务透明度和社会责任成为其共性特点。高校财务预算管理需要充分披露财务信息，使社会公众能够了解资源使用情况，同时也要充分考虑社会责任，保障资源的合理分配。

1. 社会关注与监督

（1）公共资源使用的特殊性

高校作为公共机构，所使用的资源主要来自政府拨款、学费收入、捐赠等，具有公共性质。因此，社会各界对高校资源的使用情况都会高度关注。公众希望了解高校的财务状况，确保资源得到合理分配和利用，从而实现教育的公平与效益。

（2）教育质量和声誉的影响

财务透明度和社会责任直接关系到高校的教育质量和声誉。财务透明度的提高可以增加公众对高校的信任，有利于吸引更多的学生和优秀的教职员工。同时，高校承担着培养人才、传播知识和科研创新的社会责任，财务资源的合理分配关系到高校履行这些责任。

2. 财务透明度与社会责任的特点分析

（1）财务透明度的特点

a. 财务信息披露

财务透明度体现在主动披露财务信息方面。高校应向社会公众披露财务报表、预算执行情况、资金来源等重要财务信息，以确保公众了解资源的使用情况。

b. 内部控制机制

财务透明度还需要建立内部控制机制，确保财务操作的规范性和透明度。这包括制定财务管理制度、审计制度等，以防止资源滥用和浪费，增加资源使用的可追溯性。

c. 公开透明的预算过程

财务透明度不仅包括财务信息的披露，还涉及预算编制过程的透明。高校应该将财务预算编制的过程公开化，让公众了解资源分配的原则、依据和优先级，增强公众对财务预算决策的理解和信任。

（2）社会责任的特点

a. 教育公益属性

高校作为教育机构具有明显的公益属性，承担着培养优秀人才的社会责任。在高校财务预算管理中，高校应当将教育的公益性放在首位，确保资源优先用于提高教育质量和教学条件。

b. 社会影响力和形象维护

高校作为社会的重要组成部分，其声誉和影响力对社会的发展产生积极影响。社会责任要求高校将资源用于支持社会发展，参与公益项目，维护积极的社会形象，从而提升高校在社会中的声誉和地位。

c. 资源的合理分配

社会责任要求高校将资源进行合理分配，以满足不同层次、不同领域的需求。在高校财务预算管理中，高校应根据教育、科研、社会服务等多个维度，科学合理地分配资源，充分发挥高校在社会中的作用。

（3）实现财务透明度与社会责任的平衡

a. 信息披露与保密需求的平衡

虽然财务透明度的提高是重要的，但高校也需要平衡信息披露与保密的需求。有些财务信息可能涉及敏感内容，需要进行适度的保密，以防止信息泄露和不当使用。

b. 公益与自身可持续发展的平衡

高校在履行社会责任时需要平衡公益性质与自身可持续性发展的需要。合理的财务管理应确保公益项目的开展不会损害高校的财务稳定和发展潜力。

c. 多方利益的平衡

财务透明度和社会责任涉及多方利益的平衡，包括高校内部的各个部门和外部的社会公众。高校应建立有效的沟通机制，让各方的意见和需求得到充分考虑，以实现各方的利益平衡。

第二节　高校财务预算管理的重要性

一、高校财务预算管理在战略决策中的地位

（一）规划战略目标与资源

1. 战略目标的转化

高校财务预算管理在战略决策中的首要作用是将高校的战略目标转化为具体的财务资源需求。战略目标可能涉及教育质量提升、科研创新、师资队伍建设等多个领域，高校财务预算管理将这些目标细化为资金需求，从而为战略实施提供经济支撑。

（1）综合规划的必要性

高校作为综合性机构，其战略目标涵盖教育、科研、社会服务等多个领域。在高校财务预算管理中，将这些战略目标转化为具体的财务资源需求是必要的。高校只有对各个领域的需求进行综合规划，才能确保资源的合理配置，避免资源的浪费和重复投入。

（2）定量目标的界定

战略目标转化为资源需求需要进行定量化的界定。例如，如果高校的战略目标是提升教育质量，那么要明确需要投入多少资金用于教学改革、师资培训等方面。这样的定量界定可以使目标更具体，更容易量化资源需求。

（3）效益评估的考虑

在划定战略目标与资源需求的关系时，高校需要考虑到投入与产出之间的效益关系。不同战略目标可能产生不同的影响，高校需要对投入资源的预期效果进行评估，确保资源投入能够最大化地实现战略目标。

2. 资源的有效配置

高校财务预算管理通过合理配置财务资源，使其与战略目标保持一致，确保战略目标的实现。根据各项目标的重要性和优先级，高校财务预算管理可以将资源分配到不同的领域，使每一项战略目标都得到适当支持。

（1）不同领域的优先级

高校财务预算管理在战略目标与资源之间的转化中，需要考虑不同领域的优先级。战略目标可能不同领域间存在优先级差异，高校财务预算管理应根据高校的发展重点，将资源优先配

置到对实现战略目标影响最大的领域。

（2）长期与短期投入的平衡

高校的战略目标可能涉及长期和短期的投入。高校财务预算管理需要平衡这两者之间的关系。长期投入可能涉及基础设施建设、师资队伍培养等，短期投入可能包括临时项目支出。高校财务预算管理应确保长期和短期投入的平衡，以保证高校可持续发展。

（3）弹性配置的可能性

随着外部环境的变化，高校可能需要灵活地调整资源配置。高校财务预算管理应考虑到资源配置的弹性，使高校能够根据情况调整投入，以适应新的战略目标或变化的需求。

3. 优化决策依据

高校财务预算管理为高校战略决策提供了数据支持和决策依据。通过预算编制和执行情况的分析，高校可以了解资金分配的效果，评估战略目标的实现情况，为未来的战略决策提供经验和参考。

（1）数据收集与分析

高校财务预算管理为高校提供了数据支持，使战略决策更具有科学性。高校需要通过收集、整理和分析各种财务和经济数据，以便深入了解资源分配情况，评估目标实现进展。

（2）预算执行情况的监测

高校财务预算管理不仅包括预算编制，还涉及预算执行的监测。高校应定期对预算的执行情况进行审查和分析，对比实际支出与预算计划的差异，为战略决策提供准确的数据依据。

（3）基于经验的调整

通过对过去预算执行情况的分析，高校可以总结出一些规律和经验教训，为未来的战略决策提供参考。这种基于经验的调整有助于提高决策的准确性和针对性。

（二）战略规划与预算一体化

1. 有效战略规划

高校财务预算管理在战略决策中有助于进行有效的战略规划。高校财务预算管理过程中，高校需要明确战略目标、制订行动计划，并将这些信息融入预算编制，确保预算与战略一致，避免资源浪费。

（1）信息融合与一体化

高校财务预算管理在战略决策中的有效战略规划方面，强调将财务预算与战略规划信息进行融合与一体化。这意味着高校财务预算管理不再是孤立的财务计划，而是与高校的战略目标、发展规划有机地结合，实现信息的交流与共享。

（2）确保资源匹配与支持

将高校财务预算管理与战略规划一体化，可以确保资源的准确匹配与充分支持。高校可以将每个战略目标所需的资金需求具体体现在预算计划中，从而避免战略目标因资金不足而受阻。

（3）资源分配的透明性

战略规划与高校财务预算管理一体化还可以提高资源分配的透明性。高校财务预算管理在一体化过程中明确体现了资源分配的逻辑和原则，高校内部各部门和干系人可以更清晰地了解资源的流向和使用情况，从而促进资源合理配置。

2. 战略目标权衡

高校财务预算管理的过程中，高校可能需要在不同的战略目标之间进行权衡和取舍。预算有限，高校需要根据实际情况和战略优先级，决定投入的资源，以实现最有利于高校发展的战略目标。

（1）战略目标间的关联性

在高校财务预算管理的过程中，高校可能需要在不同的战略目标之间进行权衡和取舍。这要求高校深入分析各战略目标之间的关联性，明确各目标对高校发展的重要程度，以便做出更明智的资源配置决策。

（2）资源优先级的确定

一体化的战略规划与高校财务预算管理可以帮助高校明确资源的优先级。高校需要识别出哪些战略目标对其长远发展至关重要，哪些目标可以在短期内暂时放缓。这有助于确保有限的资源被优先用于实现最核心的目标。

（3）效益与成本的平衡

战略目标权衡的过程还需要考虑目标实现所需的成本与预期效益之间的平衡。高校需要评估不同战略目标的投入产出比，确保资源投入能够获得最大的社会、经济效益。

3. 动态调整与变革支持

战略目标可能随着时间的推移而发生变化，高校财务预算管理应具备动态调整的能力。如果高校的战略调整，高校财务预算管理需要及时作出相应的调整，以确保资源的合理配置，支持新的战略方向。

（1）灵活性与快速响应

战略目标一体化的高校财务预算管理应具备灵活性，能够迅速响应高校战略的调整和变革。随着外部环境、教育政策的变化，高校的战略目标可能需要动态调整，高校财务预算管理应能够灵活地对资源分配进行调整以支持新的战略方向。

（2）系统性变革的支持

高校可能需要进行系统性的变革以适应时代的需求。战略规划与高校财务预算管理一体化可以为这些变革提供支持，将资源调配到变革的重点领域，确保变革顺利实施。

（3）风险管理与应对策略

动态调整与变革支持还需要考虑到风险管理。高校财务预算管理应该充分考虑变革可能带来的风险，并制定相应的应对策略，以降低风险对高校发展的影响。

二、高校财务预算管理对高校稳健运营的关键影响

（一）财务稳定与风险控制

1. 预防资源浪费

高校财务预算管理可以帮助高校预防资源的浪费。明确的预算编制和执行可以使高校更加谨慎地使用资源，避免不必要的开支，从而维护财务的稳定性。

（1）精细化预算编制

高校财务预算管理在财务稳定与风险控制方面的作用之一是通过精细化的预算编制防止资源浪费。高校可以根据实际需求，将预算分配到不同的项目和部门，避免将资金投入到无效或低优先级的领域，从而优化资源利用。

（2）监控支出流程

高校财务预算管理要求高校建立有效的支出监控体系。这包括制定审批流程、控制开支权限，确保所有支出都经过合理的审批和核实，减少因为审批不当而造成的资源浪费。

（3）成本效益分析

高校在财务预算编制过程中可以进行成本效益分析，评估每项支出的成本与所产生的效益。这有助于高校合理决策，优先投资那些能够最大化效益的项目，避免不必要的资源浪费。

2. 防范财务风险

高校财务高校财务预算管理有助于识别和防范财务风险。通过预算分析，高校可以发现潜在的经济问题，及时采取措施避免财务风险的扩大。

（1）风险识别与评估

高校财务预算管理在风险控制方面的重要性体现在风险的识别和评估上。高校可以通过预算分析，发现可能存在的财务风险，如资金缺口、不合理的支出计划等，从而及时采取措施来防范潜在风险。

（2）应急预案的制定

高校财务预算管理需要高校制定应急预案，以应对财务风险的突发情况。这些预案可以涵盖资金紧缺、经济波动等不可控因素，确保高校在风险发生时能够迅速作出反应，降低财务损失。

（3）资金流动监测

高校财务预算管理还包括对资金流动的监测。高校可以通过定期检查资金流向，追踪各项支出的执行情况，及时发现异常情况，减少财务风险的可能性。

3. 提高财务透明度

高校财务预算管理要求高校公开透明地呈现财务信息，这有助于提高财务透明度。透明的财务信息可以增加高校与社会各界的信任，减少财务舞弊等不良行为。

（1）公开透明的财务信息

高校财务预算管理有助于高校提高财务透明度。高校需要按照规定公开透明地呈现财务信息，包括预算编制、执行情况、资金流向等，使社会各界能够清晰地了解资源的使用情况。

（2）增强社会信任

透明的财务信息可以增加高校与社会之间的信任。公开的财务数据能够使高校更加透明化，减少信息不对称，提高社会对高校财务预算管理的信心，从而维护高校的声誉。

（3）防范财务不正当行为

透明的财务信息可以减少财务不正当行为的可能性。公开的预算执行情况可以被社会监督，减少财务舞弊、挪用资金等不良行为，从而降低高校面临的财务风险。

（二）效率与资源优化

1. 资源分配效率

高校财务预算管理强调资源的合理配置，避免资源过度分散或集中。这有助于提高资源的分配效率，使每一项支出都能够产生最大的效益。

（1）优化资源配置

高校财务预算管理在提高效率与资源优化方面的重要性体现在优化资源配置上。高校需要根据战略目标的重要性和紧迫性，将资源分配到最需要的领域，确保每一笔支出都能够产生最大的效益，从而最大程度地实现高校的各项目标。

（2）投资决策的支持

财务预算管理不仅涉及资源的分配，还涉及投资决策。高校需要权衡各项投资的风险与收益，确保投资项目能够为高校带来持续的增长和发展。财务预算管理提供了数据支持，帮助高校作出更为明智的投资决策。

（3）资源利用的监测

财务预算管理要求高校对资源的使用情况进行监测与评估。高校可以通过分析预算执行情况，了解资源的实际利用情况，发现资源浪费或低效的现象，从而及时调整资源分配策略，提高资源的分配效率。

2. 避免重复投入

财务预算管理可以避免重复地投入和重复的项目。通过预算编制，高校可以查看已有的项目和支出，避免重复建设和投资，提高资源的利用效率。

（1）项目整合与合并

财务预算管理有助于高校避免在类似项目上重复投入。通过对已有项目和支出的审查，高校可以识别出类似的项目，并进行整合或合并，从而减少重复投资，提高资源利用效率。

（2）资源共享与协同

高校在财务预算管理中可以促进不同项目之间的资源共享与协同。合理的资源共享可以减少资源的重复购置，提高资源的利用效率。同时，协同合作也可以促进项目之间的互补，形成更加高效的综合效益。

（3）数据分析与决策

财务预算管理要求高校通过数据分析来识别可能的重复投入。通过对预算执行情况的数据分析，高校可以发现相似的项目或支出，从而采取措施来避免资源的重复使用，提高资源利用效率。

3. 促进项目协同

在财务预算管理中，高校可能需要将资源投入到多个项目中。这促使不同项目之间需要协同合作，共享资源，从而形成更加高效的合作模式。

（1）跨部门合作

在财务预算管理中，高校可能需要将资源投入到多个项目中，这促使不同部门之间需要跨部门合作。这种合作可以促进资源的共享与协同，从而形成更加高效的工作模式，提高整体效率。

（2）项目整合与整体规划

高校可以通过财务预算管理实现项目整合与整体规划。将资源投入到不同项目中，需要进行整体规划，确保各个项目之间相互协调，形成整体效益，避免资源浪费和重复投入。

（3）信息共享与沟通

财务预算管理需要高校内部各个部门之间进行信息共享与沟通。这有助于消除信息壁垒，加强不同部门之间的合作，形成更加高效的合作模式，从而提高项目的协同效率。

（三）可持续发展与社会声誉

1. 长期规划与可持续性

高校财务预算管理对于高校的可持续发展至关重要。通过合理的预算编制，高校可以进行长期规划，确保资源的持续供应，避免短期内资源耗尽而影响高校的正常运营。

（1）长期战略规划

高校财务预算管理在可持续发展方面的作用体现在其能够支持高校进行长期战略规划。财务预算管理要求高校明确未来的发展目标和方向，并将其转化为财务资源需求，从而确保高校能够在长期内有计划地发展。

（2）资源平衡与供应保障

合理的预算编制可以帮助高校平衡资源的供应与需求，确保资源的持续供应。高校可以根据长远发展需求，预测资源需求并进行合理配置，避免短期内因为资源不足而影响高校的正常运营。

（3）环境与社会责任

财务预算管理还要求高校考虑环境和社会的可持续性。高校可以将环境和社会责任纳入预算管理的考虑范围，投入资源用于可持续发展项目，提高高校的环保和社会责任形象。

2. 维护社会声誉

高校财务预算管理也直接关系到高校的社会声誉。合理的财务预算管理可以确保资源得到有效利用，避免因财务问题引发的负面新闻，从而维护高校的良好形象和声誉。

（1）避免财务风险

合理的财务预算管理有助于避免财务风险，从而维护高校的社会声誉。通过财务预算管理，高校可以防范财务风险，避免因资金问题导致的负面新闻，保持高校的良好形象。

（2）透明度与信任

财务预算管理要求高校公开透明地呈现财务信息，增加社会对高校的信任。透明的财务信息可以减少财务不正当行为的可能性，提高高校的声誉和社会信任度。

（3）社会责任与贡献

高校财务预算管理还可以体现高校的社会责任和贡献。通过将社会责任项目纳入财务预算管理，高校可以投入资源用于公益事业，提高高校在社会中的形象和声誉。

3. 资源多元化与稳定发展

财务预算管理可以促使高校实现资源多元化，避免过度依赖某一种收入来源。资源的多元化可以增加高校的财务稳定性，使其更具抗风险能力，实现更加可持续的发展。

（1）收入多元化

财务预算管理强调资源的合理配置，鼓励高校实现收入多元化。高校可以通过拓展不同的收入来源，如教育、科研、合作项目等，降低对某一种收入的依赖，实现财务稳定和可持续发展。

（2）抗风险能力

资源多元化使高校更具抗风险能力。当某一项收入受到冲击时，其他收入仍然可以维持高校的正常运营，降低高校面临的财务风险，实现稳定发展。

（3）长远发展的支持

资源多元化为高校的长远发展提供了更为稳定的基础。通过合理的财务预算管理，高校可以平衡不同项目的资源分配，使得高校的各项任务都能够得到持续支持，实现更加可持续的发展。

（四）决策的科学性与灵活性

1. 数据支持决策

财务预算管理为高校决策提供了科学的数据支持。预算编制和执行情况的分析可以为高校决策者提供客观的数据，帮助他们做出更加明智的决策。

（1）数据驱动的决策

高校财务预算管理在决策科学性方面的作用体现在其为决策提供了数据支持。预算编制和执行情况的分析可以为高校决策者提供可靠的数据，帮助他们做出更具科学依据的决策。

（2）预测与趋势分析

财务预算管理涉及对过去预算执行情况的分析，可以为高校预测未来可能出现的趋势。通过对数据的趋势分析，高校可以预测不同情境下的财务状况，有利于制定适应性决策。

（3）比较与对比

财务预算管理可以帮助高校进行数据比较与对比，从而支持更加科学地决策。通过比较不同项目的预算执行情况，高校可以识别出表现良好的领域，从而做出更有针对性的决策。

2. 调整与变革支持

高校财务预算管理的灵活性使其能够支持高校的调整和变革。在高校需要调整战略方向或适应新的市场需求时，财务预算管理可以迅速调整资源分配，支持变革的实施。

（1）灵活资源分配

高校财务预算管理的灵活性使其能够支持高校的调整和变革。在高校需要调整战略方向或适应新的市场需求时，财务预算管理可以迅速调整资源分配，支持变革的实施。

（2）新项目支持

当高校决定推出新项目或进入新领域时，财务预算管理可以为其提供支持。通过合理分配资源，高校可以确保新项目能够获得所需的支持，促使其尽快实现预期目标。

（3）风险管理与控制

财务预算管理在调整与变革方面还有助于高校进行风险管理与控制。当高校面临不确定性的风险时，财务预算管理可以帮助高校规划资源分配，减少风险对高校的影响。

3.预测与规避风险

财务预算管理通过对过去预算执行情况的分析，可以帮助高校预测未来可能出现的财务风险。这使高校有足够的时间来采取预防措施，避免潜在的财务问题。

（1）预测潜在风险

财务预算管理通过对预算执行情况的分析，可以帮助高校预测未来可能出现的财务风险。通过分析数据，高校可以识别出潜在的经济问题，为未来的风险做好准备。

（2）制定预防措施

财务预算管理使高校有足够的时间来制定预防措施，规避潜在的财务风险。高校可以根据预测的风险情况，采取相应的措施，防止风险的发生或减轻其影响。

（3）提高决策的稳定性

通过科学的预测和规避潜在的财务风险，财务预算管理提高了高校决策的稳定性。高校可以更有信心地制定长远规划和决策，因为它已经考虑到了潜在的不确定性。

第三节　高校财务预算管理的挑战与问题

一、资源有限性对高校财务预算管理的压力

（一）资源分配的优先级

高校面临有限的财务资源，需要在不同项目之间进行资源分配的优先级确定。这涉及权衡不同项目的重要性和紧迫性，以确保有限的资源能够最大程度地支持高校的核心目标。

1.资源优先级的制定

在面对有限的财务资源时，高校必须制定明确的资源优先级，以确保资源被分配到最具战略价值的领域。这涉及对不同项目的重要性和紧迫性进行全面评估。例如，高校可能需要确定教育教学、科研创新、师资队伍建设等不同领域的优先级，以满足不同领域的需求。

（1）项目重要性的评估

在资源有限的情况下，高校需要对不同项目的重要性进行评估，以制定合理的资源优先级。这需要考虑项目对高校战略目标的贡献程度，以及项目对学校核心任务的影响。例如，教育教学可能是高校的首要任务，因此投入资源以提升教育质量可能是一个高优先级的项目。

（2）项目紧迫性的考量

资源分配还需要考虑项目的紧迫性。某些项目可能需要紧急投入，以解决当前的问题或抓住机遇，而另一些项目可能具有更长期的战略性价值。高校需要权衡不同项目之间的紧迫性，确保资源优先分配到最需要的领域。

（3）综合考量的绩效指标

为了更科学地制定资源优先级，高校可以引入综合考量的绩效指标。这些指标可以涵盖多个方面，如教学质量、科研成果、社会影响等。将这些指标纳入资源分配的决策过程中，高校可以更全面地评估项目的价值，从而更准确地确定资源优先级。

2. 权衡短期和长期目标

在资源有限的情况下，高校还需要权衡短期和长期目标。虽然满足当前的需求至关重要，但高校也必须考虑到长期发展的需求。这可能需要在资源分配时考虑短期效益和长期可持续性之间的平衡，以确保资源的最优利用。

（1）长期战略规划

高校的发展需要考虑短期和长期的目标。短期目标可能涉及当前的教育质量提升、科研项目的推进等，而长期目标则可能包括培养优秀人才、提升高校影响力等。在资源分配时，高校需要根据长期战略规划，确保资源分配与长远目标保持一致。

（2）短期效益与长期可持续性的平衡

传统财务预算管理方法往往更注重短期效益，因为短期成果可以更直接地反映资源投入的效果。然而，新时代高校也需要考虑长期可持续性的发展。高校可以引入长期投入的考量，确保资源分配不仅考虑短期效益，也要考虑项目的长期影响和可持续性。

（3）资源动态调整的机制

为了权衡短期和长期目标，高校可以建立资源动态调整的机制。这意味着高校可以根据实际情况，随时调整资源分配的比例。如果某一领域的需求在某个阶段变得更加紧急，高校可以通过动态调整来确保资源的最优配置。

（二）需求多样性的挑战

高校内部的需求多样化，涵盖教育、科研、师资队伍建设等多个领域。财务预算管理需要面对这些多样化的需求，确保资源的合理配置，避免因资源短缺导致某些领域的滞后发展。

1. 需求多元化的管理

高校内部的需求多元化，包括教学设施改善、科研项目支持、学术交流等。财务预算管理需要能够适应不同领域的需求，避免资源集中在某一领域，导致其他领域的滞后。这可能需要建立灵活的预算分配机制，以满足多样化的需求。

（1）多领域需求的平衡

新时代高校内部的需求涵盖了教学、科研、学术交流等多个领域，这使得财务预算管理面临多元化的挑战。高校需要制定合理的资源分配策略，以平衡不同领域的需求，避免资源过度集中在某一领域，而忽略其他领域的发展。例如，高校可以根据各领域的战略重要性和发展需求，为不同领域制定相应的预算比例。

（2）灵活的预算分配机制

传统财务预算管理方法可能较为刚性，难以适应多元化的需求。因此，高校需要建立灵活的财务预算分配机制，以更好地满足不同领域的需求。这可能包括动态预算调整机制，根据不同领域的需求变化，及时调整资源分配比例，确保资源得到最优利用。

2. 横向与纵向协调

高校内部的需求往往涉及多个部门和学科，需要横向和纵向的协调。财务预算管理需要确保不同部门之间的资源分配协调，同时也要确保各部门内部资源的合理配置。这可能需要建立跨部门的合作机制，以实现资源的协同利用。

（1）跨部门协调机制

多领域需求往往涉及高校内部不同部门之间的协调。财务预算管理需要确保不同部门之间的资源分配协调，以避免资源浪费和重复投入。高校可以建立跨部门的协调机制，例如设立跨部门的预算分配委员会，以协调不同部门之间的资源需求和分配。

（2）部门内部资源配置

除了横向协调外，财务预算管理还需要关注部门内部的资源配置。高校可以通过设立内部资源分配机制，确保部门内部资源的合理利用。这可能涉及部门内不同项目的绩效评估，以决定资源分配的优先级。

（3）跨学科合作的促进

高校内部的需求多样性也可能涉及不同学科之间的合作。财务预算管理可以促进跨学科的合作，例如支持跨学科研究项目、共享设施等。这可以通过设立专门的跨学科合作预算，为跨学科合作项目提供支持，从而促进不同学科之间的资源协同利用。

（三）外部竞争与压力

高校在资源获取方面面临外部竞争和压力。政府拨款、捐赠等途径都需要高校与其他机构竞争。财务预算管理需要应对外部竞争，确保高校能够获得足够的财务支持。

1. 资源获取的竞争策略

高校在争取财务资源时需要制定竞争策略。政府拨款、企业捐赠、科研项目资助等途径都需要高校与其他机构竞争。财务预算管理需要考虑如何在竞争中脱颖而出，以获取更多的财务支持。

（1）拨款竞争

在争取政府拨款时，高校需要制定有效的竞争策略。这可能包括提升高校在教育、科研、社会服务等方面的综合实力，以增强在政府资金分配中的竞争优势。财务预算管理应考虑如何将高校的战略目标与政府拨款的重点领域对接，从而更有针对性地争取资金支持。

（2）捐赠和赞助竞争

高校还需要在企业、校友等各方面争取捐赠和赞助。财务预算管理应当与校园发展规划相结合，明确捐赠资金的使用方向和效益，以吸引更多捐赠者的关注和支持。高校可以通过建立捐赠项目的预算，将捐赠资金的使用和效益清晰地展示给捐赠者，提高他们的信任和满意度。

2. 外部资源多元化

为了降低外部竞争的风险，高校可能需要多元化外部资源的获取途径。这可能包括与不同类型的合作伙伴建立合作关系，拓展资源获取的渠道，从而减少对单一来源的依赖。

（1）合作伙伴的多样性

高校可以与不同类型的合作伙伴建立合作关系，拓展资源获取的渠道。除了政府和企业，高校还可以与非政府组织、国际机构等建立合作，共同开展教育、科研、社会服务等项目。财务预算管理需要根据不同合作伙伴的特点，制定适应性的资源分配策略。

（2）项目多样性

高校可以通过开展多样化的项目，吸引更多外部资源。这可能涉及教育培训项目、科研合作项目、社会服务项目等。财务预算管理需要将不同类型的项目纳入预算范围，确保资源得到合理配置，实现项目的顺利开展。

3. 增强影响力与吸引力

高校可以通过提升自身的影响力和吸引力，吸引更多的资源。高校的声誉、教育质量、科研成果等都可以影响其在资源分配中的优势地位。财务预算管理需要与提升高校的整体影响力相结合，以在竞争中取得优势。

（1）声誉的提升

高校的声誉是吸引外部资源的重要因素之一。财务预算管理需要支持高校的声誉提升活动，例如加强宣传推广、优化学术评价体系等，从而增强高校在外部竞争中的竞争力。

（2）教育质量与科研成果

高校的教育质量和科研成果也是吸引资源的重要基础。财务预算管理应与教学改革和科研创新紧密结合，为提升教育质量和科研成果的项目提供充足资源支持，从而吸引更多外部资源的投入。

（3）社会影响力

高校在社会中的影响力也可以吸引资源。财务预算管理可以支持高校开展社会服务项目，解决社会问题，提升高校的社会影响力，从而获得更多的资源支持。

二、传统方法在新时代面临的挑战

（一）复杂的变革需求

新时代高校面临的变革需求日益复杂，传统的财务预算管理方法可能无法完全适应。高校需要调整财务预算管理方法，以适应新时代高校的发展要求。

1. 变革的多样性

新时代高校面临着多样性的变革需求，涵盖教育模式创新、科研机制改革、人才培养方式更新等多个领域。然而，传统的财务预算管理方法可能过于僵化，难以满足这些复杂变革的需求。高校需要调整财务预算管理方法，以更好地适应不同领域的变革，并确保变革项目得到充分支持。

（1）教育模式创新

新时代高校正面临着教育模式的革新需求。随着信息技术的飞速发展，线上教育、混合式教学等新模式逐渐崭露头角。然而，这些模式的引入可能需要大量的投资，包括技术设施、师资培训等。传统财务预算管理方法难以对这些新模式提供灵活的资源支持，因其无法应对新需求的高度多样性。

（2）科研机制改革

新时代高校面临着科研机制改革的任务。科研的国际化合作、交叉学科研究等新模式的推进需要灵活的财务支持。然而，传统财务预算管理方法可能更偏向于传统的学科分类，难以适应交叉学科的资源需求。因此，高校需要考虑如何调整财务预算管理方法，以更好地支持新兴科研领域的发展。

（3）人才培养方式更新

新时代高校在人才培养方面也面临着新的挑战。跨学科人才、创新人才的培养需要更加灵活的课程设置、实践机会等资源支持。然而，传统财务预算管理方法可能较为固定，难以满足不同人才培养方式的资源需求。高校需要思考如何调整预算分配，以支持新的人才培养模式的探索与实施。

2. 灵活性与快速响应

新时代变革的速度加快，传统的财务预算管理方法可能过于烦琐，这导致高校无法迅速调整资源配置以应对新变化。高校需要探索更加灵活的财务预算管理方法，使其能够更快速地响应变革需求，实现战略调整和创新。

（1）变革时机的紧迫性

新时代的变革往往需要高校迅速调整资源，以抓住时机。例如，突发的科研机会、合作项目的提出等都需要高校能够快速调配资源。然而，传统财务预算管理方法可能较为烦琐，无法满足变革的紧迫性需求。高校需要探索更加灵活的财务预算管理机制，以便能够在第一时间做出资源调整决策。

（2）跨领域变革的挑战

新时代变革往往是跨领域的，需要不同领域之间的资源协同调配。然而，传统财务预算管理方法可能更侧重于各个领域的独立预算编制，难以实现跨领域的资源整合。高校需要建立更加灵活的财务预算管理机制，以促进不同领域的合作与共享，支持跨领域变革的实施。

（二）数据驱动的需求

新时代要求高校的决策更加由数据驱动，传统的财务预算管理方法可能缺乏足够的数据支持。高校需要借助先进的数据分析技术，使财务预算管理更加科学和精确。

1. 数据采集与分析

新时代高校决策日益依赖数据支持，然而传统财务预算管理方法可能缺乏充分的数据采集和分析机制。高校需要引入先进的数据采集技术，建立数据分析平台，以便更准确地预测财务需求、评估项目效果等。

（1）数据驱动决策的趋势

在新时代，高校的决策越来越倚重于数据的支持和分析。传统财务预算管理方法往往基于经验和直觉，无法为决策者提供足够的准确信息。因此，高校需要建立更为完善的数据采集和分析机制，以便在制订预算和资源分配计划时能够依据客观数据作出决策。

（2）数据驱动决策的优势

数据驱动的决策有助于高校更好地洞察资源分配的需求和效果。通过采集和分析财务数据、项目绩效数据等，高校可以更准确地预测资源需求、评估项目成果，从而优化资源配置，提高财务预算管理的科学性和准确性。

（3）数据采集技术的引入

高校需要引入先进的数据采集技术，如大数据分析、人工智能等，以提高数据的获取效率和精度。这些技术可以帮助高校从庞大的数据中提取有用信息，为财务预算管理提供更多的参考依据。

2. 数据隐私与安全

随着数据驱动的需求增加，高校还需要面对数据隐私和安全等问题。确保数据的合规采集和妥善保护，防止数据泄露和滥用，是传统财务预算管理方法在新时代所面临的挑战之一。

（1）数据隐私的挑战

随着数据驱动需求的增加，高校也面临着数据隐私保护的挑战。财务数据、项目信息等都涉及敏感信息，需要得到合规采集、存储和使用。然而，传统财务预算管理方法可能没有充分考虑数据隐私保护的问题。

（2）数据安全的重要性

传统财务预算管理方法可能较为简单，无法应对数据泄露、黑客攻击等威胁。高校需要加强数据安全意识，采用加密、权限控制等手段，确保敏感数据不被未授权访问。

（3）数据合规性的挑战

高校需要明确数据采集和使用的法律规定，确保财务预算管理过程合法合规。然而，传统财务预算管理方法可能缺乏对这些法律法规的充分考虑。

（三）多维度的绩效评估

传统的财务预算管理方法可能无法满足新时代高校对绩效评估的多维度需求。高校需要考虑教育质量、科研成果、社会影响等多个维度的绩效评估，以更好地支持决策。

1. 跨领域绩效评估

新时代高校绩效评估需要跨教学、科研、社会影响等多个领域，然而传统的财务预算管理方法可能过于单一，无法全面考量多维度的绩效。高校需要建立多维度的绩效评估体系，将绩效指标融入预算管理，以更准确地反映高校的成效。

（1）多维度绩效的必要性

在新时代，高校的发展已不再局限于单一领域，而是涉及教学、科研、社会服务等多个方面。然而，传统的财务预算管理方法通常以财务角度为主，难以全面考量高校在各个领域的绩效。因此，高校需要建立一个多维度的绩效评估体系，能够涵盖各个领域的成果和效益。

（2）多维度绩效的指标体系

高校需要明确定义不同领域的绩效指标，以量化衡量教学质量、科研成果、社会影响等方面的表现。例如，教学方面可以考虑毕业生就业率、学生满意度等指标；科研方面可以考虑科研项目获得的资助、发表的论文等指标；社会影响方面可以考虑社会合作项目、知识产权转化等指标。

（3）绩效评估与财务预算管理的融合

多维度的绩效评估需要与财务预算管理相融合，以确保资源的合理分配。高校可以根据各领域的绩效表现，调整资源分配的权重，优先支持表现较好的领域，从而实现绩效与资源的有效对应。

2. 长期与短期绩效衡量

新时代绩效评估需要同时考虑长期和短期成果，而传统财务预算管理方法往往更偏向于短期成果的衡量。高校需要调整财务预算管理策略，使其更能体现长期投入的成果，促进高校的可持续发展。

（1）长期绩效的考量

新时代高校的发展需要考虑长期的可持续性，然而传统财务预算管理方法往往更关注短期内的成果。长期投入可能不会立即产生显著成效，但对于高校的可持续发展至关重要。

（2）短期绩效的限制

传统财务预算管理方法可能忽视了一些需要长期投入和积累的项目，导致高校在短期内取得了一些成果，但长期发展受限。短期绩效的过度追求可能损害了高校的长远利益。

（3）长短期绩效的平衡

高校需要在绩效评估和财务预算管理中平衡长期和短期成果的考量。这需要高校在预算编制过程中，合理设置长期和短期项目的投入比例，确保在取得短期成果的同时，也为长期发展奠定基础。

（四）创新与创业需求

新时代高校需要更多地关注创新和创业，但传统财务预算管理方法可能无法灵活应对这些新兴领域的需求。高校需要调整财务预算管理方法，支持创新和创业项目的发展。

1. 创新项目的不确定性

新时代高校需要更多支持创新和创业，然而创新项目的不确定性较高，传统财务预算管理方法可能无法充分应对。高校需要探索灵活的预算分配方式，以适应创新项目的需求，同时减少风险。

（1）创新驱动的需求

在新时代，创新成为高校发展的重要动力，高校需要更多支持创新项目的孵化和实施。然而，创新项目通常伴随着不确定性，包括技术风险、市场风险等，这使得传统的财务预算管理方法面临挑战。

（2）不确定性管理的挑战

传统财务预算管理方法更倾向于对已知和稳定的项目进行预算分配，但创新项目的不确定性可能导致预算分配难以准确预测项目的实际需求。高校需要采用更具灵活性的财务预算管理方法，允许在创新项目进行过程中进行调整和变更。

（3）风险共担的机制

面对创新项目的不确定性，高校可以引入风险共担的机制。与创新团队共同承担项目风险，高校可以提供一定的预算支持，并与创新团队分享项目成功带来的回报，从而鼓励更多创新项目的落地。

2. 创业项目的支持

传统财务预算管理方法可能难以满足创业项目的需求，例如资金投入、市场拓展等。高校可以考虑建立专门的创业项目预算，为创业团队提供更好的财务支持，从而促进创业项目的成功发展。

（1）创业生态的建设

新时代高校需要积极建设创业生态，支持学生和教职员工的创业活动。然而，创业项目通常需要大量的初始投入，包括市场调研、产品开发、营销等，这超出了传统财务预算管理方法的考虑范围。

（2）创业项目预算的特殊性

传统财务预算管理方法难以满足创业项目的资金需求，因为创业项目的投资和回报周期可能较长，且难以预测。因此，高校可以考虑建立专门的创业项目预算，为创业团队提供持续的财务支持。

（3）创业项目孵化平台

高校可以建立创业项目孵化平台，提供创业项目所需的资源、指导和资金支持。通过财务预算管理，将孵化平台的资源与创业项目的需求相匹配，这将加速创业项目的成长和发展。

（五）竞争与国际化的挑战

新时代高校需要更强的国际竞争力，但传统财务预算管理方法可能无法充分支持高校的国际化发展。高校需要考虑国际合作、留学生招生等方面的需求，调整预算管理策略。

1. 国际化项目的资金需求

新时代高校国际化的推进需要更多的资金支持，然而传统财务预算管理方法可能难以满足国际合作、留学生招生等方面的需求。高校需要在预算编制中充分考虑国际化项目的资金需求，以支持高校的国际化发展。

（1）国际化战略的推进

新时代高校积极推进国际化战略，包括国际合作、留学生招生、联合办学等，这些举措都需要相应的资金支持。然而，传统财务预算管理方法往往难以满足国际化项目的资金需求，因为国际化项目的投入相对较大，且涉及不同国家和地区的合作。

（2）资金需求的多样性

国际化项目的资金需求多样化，涵盖了合作伙伴的经费支持、留学生奖学金、境外教育基地的建设等。传统财务预算管理方法可能无法灵活地考虑这些多样化的需求，因此高校需要在预算编制中充分考虑不同项目的特点和需求。

2. 国际竞争的挑战

国际化的发展也意味着面临更激烈的国际竞争，而传统财务预算管理方法可能无法充分支持高校在国际竞争中取得优势。高校需要调整财务预算管理策略，提升国际化项目的资源配置效率，以在全球范围内保持竞争力。

（1）全球化背景下的竞争

随着全球化的深入发展，高校在国际舞台上面临越来越激烈的竞争。然而，传统财务预算管理方法可能无法充分支持高校在国际竞争中取得优势，因为国际竞争需要更加灵活和精细的资源配置。

（2）国际合作项目的挑战

国际合作项目涉及多个国家和机构之间的合作，需要协调不同国家的资源和利益。传统财务预算管理方法可能无法很好地满足国际合作项目的复杂性和不确定性，高校需要采用更具弹性的财务预算管理策略，以应对不同国家合作伙伴的需求。

（3）竞争力的提升

为了在国际竞争中脱颖而出，高校需要在财务预算管理中更加注重战略性的资源配置。传统财务预算管理方法可能更加注重内部需求的满足，而国际化竞争需要高校将资源投入更有战略性和长远影响的领域，以提升整体竞争力。

第三章　传统高校财务预算管理方法

第一节　传统高校财务预算编制方法

一、传统高校财务预算编制方法

1. 数据收集与分析

传统高校财务预算编制的起点是数据收集与分析。这一步骤至关重要，因为它为制订合理的预算计划提供了基础。高校需要广泛搜集各个部门的信息，包括教学、科研、行政、基础设施等方面的需求信息。此外，其还需对过去预算执行情况和财务状况进行深入分析，以了解资源的分配情况和支出效果。数据的准确性和完整性对于预算的制定具有重要意义，因此数据采集的方法和质量需要得到保障。

（1）多源数据的整合

在传统高校财务预算编制的过程中，数据收集与分析是确保预算制定的科学性和合理性的基石。高校需要使数据来源多元化，涵盖教学、科研、行政、基础设施等各个领域。这涉及对各部门的预期需求、计划活动及人力、物力、财力等资源投入的全面了解。整合不同来源的信息可以更准确地反映高校的需求和资源分配情况，有助于避免数据碎片化和信息孤岛问题。

（2）需求评估与优先排序

在数据收集的基础上，高校需要对各个部门的需求进行评估和优先排序。这需要综合考虑不同领域的战略重要性、紧迫性及其与高校发展目标的契合程度。通过建立科学的评估体系，高校能够确定哪些项目或领域是优先支持的，从而在预算分配时做出更明智的决策。

（3）历史数据分析与趋势预测

传统方法中，对过去预算执行情况和财务状况进行历史数据分析是必不可少的。通过对历史数据的深入分析，高校可以了解不同项目的支出情况、效益情况及可能存在的问题。此外，借助走势预测方法，高校可以更准确地预测未来的财务需求，从而调整预算分配策略，确保资源的合理分配和利用。

（4）资源分配的权衡和调整

数据收集与分析的目的之一是在预算编制过程中进行资源分配的权衡和调整。通过深入了解不同部门的需求和历史支出情况，高校可以更好地进行资源的合理分配。这需要在保障核心业务的基础上，考虑到不同领域的发展需求，避免资源过度集中或分散。

（5）数据质量的保障与隐私保护

在数据收集和分析过程中，数据质量的保障是至关重要的。高校需要确保收集的数据准确、完整、可靠，以避免因数据不准确而导致预算制定错误。同时，高校也需要保护数据的隐私和安全，确保敏感信息不被泄露或滥用。

（6）利用数据驱动决策

传统高校财务预算编制的数据收集与分析阶段不仅仅是为了制定预算，更是为了实现数据驱动决策。通过科学分析和综合评估，高校能够更好地了解资源配置的现状和趋势，从而做出更具战略性和长远性的财务决策。

2. 预算目标设定

基于数据收集和分析的结果，高校需要明确预算编制的目标。这些目标可能涉及多个方面，如教学质量提升、科研创新、师资队伍建设等。预算的目标设定应该与高校的战略规划和发展方向保持一致，确保资源的分配能够有针对性地支持高校的长期目标。同时，预算目标的合理设定也需要考虑资源的有限性和优先级。

（1）与战略规划的一致性

传统高校财务预算编制的下一步是明确预算的目标。这些目标应当与高校的战略规划保持一致，确保资源的分配与高校的长期发展方向相契合。预算目标的设定应该反映高校在教学、科研、社会服务等方面的战略重点，从而使预算编制具有战略性、导向性和可操作性。

（2）多维度的目标设定

高校的预算目标不仅仅是财务层面的，还涉及多个维度的发展。教学质量的提升、对科研创新的支持、师资队伍的建设、基础设施的完善等，都是可能的预算目标。在目标设定阶段，高校需要综合考虑各个领域的需求和发展方向，以确保预算的全面覆盖。

（3）资源的有限性和优先级

在设定预算目标时，高校必须考虑到资源的有限性和优先级。虽然高校有着众多的发展目标，但资源是有限的。因此，高校需要根据各个领域的重要性和紧迫性，设定相应的优先级，将资源优先分配到对高校发展最具战略价值的领域，以确保资源得到最大化的效益。

（4）财务可持续性与稳健性

预算目标的设定也需要考虑财务可持续性和稳健性。高校的预算编制不能只关注眼前的需求，还要充分考虑长远发展的需要。设定合理的预算目标可以确保高校的财务健康，避免短期内资源的枯竭和浪费。

（5）透明度与沟通

预算目标的设定应该是透明的，并且需要与高校内部的相关部门进行充分沟通。透明的预算目标设定可以增加各部门的参与感和认同感，促进整体预算编制的合理性和公正性。同时，透明的目标设定也可以增强高校与外界的沟通和相互信任。

3. 预算分配与调整

在传统方法中，高校会根据各部门的需求、预算目标及历史预算执行情况，按照一定的比例或经验分配资源。这可能包括对教学经费、科研经费、行政经费等的分配。然而，由于各部门的需求和外部环境的变化，预算的分配往往需要在执行过程中进行调整。这可能涉及部门之间的协调、紧急需求的满足等问题。

（1）基于历史经验的分配

传统高校财务预算分配通常倚重历史预算执行情况进行资源配置。这种方法的特点在于将往年的预算执行情况作为主要依据，根据各部门的实际需求及资源利用情况，进行相对稳定的预算分配。然而，基于历史经验的分配可能无法完全适应当前的变化需求和外部环境的不断变化。

（2）部门需求的体现

传统预算分配方法中，高校会充分考虑各部门的需求和发展计划，将预算资源分配给不同部门。这有助于保障各个部门的基本运转和发展需求，确保教学、科研、行政等各个方面都能够得到适当的支持。

4. 预算汇总与审核

在各个部门完成预算编制后，高校需要对预算进行汇总和审核。预算汇总可以为高校整体预算提供一个全局视角，帮助其发现资源分配中的不平衡和重复。审核则是要确保预算计划的合规性和合理性。财务部门通常会对预算进行审查，核实各项支出是否符合法规和内部规定。预算的审核还可以发现潜在的问题和风险，从而采取相应的措施加以解决。

（1）预算汇总的重要性与目的

a. 全局视角的获取

在高校财务预算管理中，各个部门通常会根据自身的需求和计划进行预算编制。然而，单个部门的预算计划可能存在不同的偏好和优先级，从而导致资源分配的不均衡或冗余。通过预算汇总，高校可以获取一个全局视角，了解不同部门预算之间的关联性和影响，从而更好地实现资源的合理配置。

b. 发现问题与优化的机会

预算汇总过程可能会暴露出资源分配中的不合理现象，如某些部门的预算过高，而其他部门的预算不足。这些问题可以成为优化资源配置的机会，使得预算更加符合高校的整体发展战略和目标。

（2）预算审核的必要性与内容

a. 合规性与合理性的核查

预算审核是为了确保预算计划的合规性和合理性。财务部门通常会对各项支出进行核查，以确保其符合国家法规、政策和高校内部的财务管理规定。此外，预算是否合理、科学地分配，是否能够支撑高校的教学、科研和管理需求，也是审核的重要内容。

b. 发现问题与风险管理

预算审核过程中，可能会发现一些潜在的问题和风险，如支出预算超出批准额度、项目预算不符合实际需求等。这些问题如果不能及时被发现和解决，可能会对高校的财务稳健性和发展造成影响。因此，预算审核也具有风险管理的功能，有助于提前预防和化解潜在的财务问题。

（3）预算汇总与审核的流程与机制

a. 预算汇总流程

预算汇总通常由高校的财务部门主导，各部门将编制好的预算计划提交给财务部门。财务部门需要对各个部门的预算进行整合和汇总，形成高校的整体预算计划。在此过程中，财务部门可能需要与各部门进行沟通和协调，以确保预算汇总的准确性和一致性。

b. 预算审核流程

预算审核由财务部门承担，他们会对各项支出进行详细的核查和审核。审核的内容包括支出是否符合法规和政策、是否合理和必要、是否存在风险等。如果发现问题，财务部门需要与相关部门进行沟通，协商解决方案。审核通过后，预算计划才能正式被批准并实施。

5. 预算执行与监控

预算的执行过程需要不断监控，以确保支出的合理性和被控制在规定范围内。财务部门通常会与各部门合作，跟踪预算的实际执行情况，及时发现问题并进行调整。同时，预算的执行情况也需要及时汇报给高校的管理层，以便其做出更加明智的决策。

（1）预算执行的重要性与挑战

a. 资源合理利用的保障

预算执行是确保高校财务资源得到合理利用的重要环节。只有在实际执行过程中，各项支出能够按照预算计划进行，才能够实现资源的最优配置，避免浪费和滥用。

b. 控制风险与问题发现

预算执行过程中可能会出现各种风险和问题，如支出超过预算、项目滞后等。通过及时监控预算执行情况，高校可以发现这些问题并采取相应的措施加以解决，从而防止问题扩大和影响高校财务稳健性。

（2）预算监控的方法与手段

a. 实时数据监测

财务部门可以通过建立实时数据监测系统，跟踪各项支出的实际情况。通过对数据的实时监测，高校可以随时了解预算执行是否符合计划，发现异常情况并及时处理。

b. 比对分析与异常预警

将实际支出与预算计划进行比对分析，发现偏差和异常情况。一旦出现预算执行偏离情况，高校可以通过异常预警机制及时发出警报，以便及时采取纠正措施。

（3）预算执行情况的汇报与决策支持

a. 决策者的信息支持

高校的管理层需要了解预算执行情况，以便做出更加明智的决策。财务部门可以定期向管理层汇报预算执行情况，包括支出情况、偏差分析、问题发现等，从而为决策者提供充分的信息支持。

b. 调整与优化决策

根据预算执行情况的汇报，管理层可以及时调整预算分配策略，优化资源配置，以适应外部环境的变化和内部需求的调整。预算执行情况的汇报有助于管理层作出科学决策，实现预算管理的灵活性和有效性。

二、传统方法的优点与改进空间

（一）传统高校财务预算编制方法的优点

传统高校财务预算编制方法具有一定的优点。

1. 简单易行

传统方法相对简单易行，不需要复杂的技术支持和工具。高校可以根据经验和历史数据进行预算编制，降低了技术门槛。

（1）相对低成本

传统高校财务预算编制方法相对而言成本较低。这是因为它不需要复杂的技术支持或专业软件，而是基于部门经验和历史数据进行编制。这使得各部门可以较为轻松地参与预算编制过程，无需大量时间和资源投入。

（2）降低技术门槛

与一些复杂的预算编制技术相比，传统方法对技术要求较低。高校内的各个部门可以使用常见的办公软件来进行预算编制，无需掌握高度专业化的技能或使用新的编制工具。这也为更多的员工参与预算编制提供了可能性。

2. 经验积累

传统方法在长期的实践中积累了丰富的经验，可以为高校提供一定的参考和借鉴。高校可以根据过去的预算执行情况，进行适当的调整和优化。

（1）历史数据支持

传统方法在长期的实践中积累了大量的历史数据。这些数据可以为高校提供宝贵的参考和支持，帮助预算编制者更好地理解预算的规模和结构。通过对过去预算执行情况的分析，高校可以更准确地预测未来的支出需求。

（2）部门经验总结

在传统高校财务预算编制过程中，各个部门会根据自身的实际情况进行预算计划。这就意味着每个部门都可以根据其专业领域的需求和特点进行编制，将自身的经验和知识融入预算中。这种部门经验的总结和应用有助于更好地预测和规划支出。

（二）传统高校财务预算编制方法改进的空间

传统高校财务预算编制方法也存在一些改进的空间。

1. 缺乏灵活性

传统方法在面对复杂的变革和需求多样性时，可能缺乏足够的灵活性。高校需要探索更灵活的预算编制方式，以更好地应对变化和多样化的需求。

（1）复杂变革的应对困难

传统高校财务预算编制方法通常是基于历史数据和经验进行的，难以灵活应对复杂的变革情况。当高校面临外部环境变化、政策调整、产业发展趋势等多重因素影响时，传统方法可能无法快速调整预算，会导致资源配置不合理或滞后。

（2）需求多样性的挑战

现代高校的发展已不再局限于传统的教学和科研领域，涉及产学研结合、创新创业等多个领域。这使得高校的需求变得更加多样化，传统高校财务预算编制方法可能无法充分考虑各个领域的特点和需求，会导致资源分配不足以支持新兴领域的发展。

2. 数据支持不足

随着数据驱动的需求增加，传统方法可能无法充分利用大数据和先进的分析技术。高校需要加强数据采集和分析能力，使高校财务预算编制更加科学和精确。

（1）数据驱动决策的趋势

随着信息技术的迅速发展，数据驱动的决策成为现代高校财务预算管理的重要趋势。大数据、数据分析和人工智能等先进技术的应用，使得高校能够更准确地分析和预测各项支出、收入及资源分配情况。然而，传统高校财务预算编制方法可能无法充分满足这一数据驱动的需求。

（2）数据的多样性和复杂性

现代高校运营涉及多个领域，涵盖教学、科研、社会服务等多个方面，因此高校需要收集和分析大量的数据来支持预算决策。这些数据可能来自不同的部门和系统，包含多样的信息，如学生招生情况、科研项目进展、校园设施使用率等。传统方法无法有效地整合和分析这些多样化、复杂化的数据，从而限制了高校财务预算编制的准确性和科学性。

3. 不能全面考量绩效

传统方法往往侧重于支出的规划和分配，而在绩效评估方面可能存在不足。高校需要在预算编制中融入绩效指标，更好地衡量资源的投入与产出。

（1）缺乏科学的评价体系

传统方法在绩效评估方面可能缺乏科学的评价体系。通常情况下，预算执行的好坏主要通过对预算的完成情况进行简单比对，难以全面客观地衡量高校的绩效表现。

（2）忽视非财务绩效

传统方法往往偏向于关注财务指标，而忽视了非财务绩效的评估。高校的发展不仅仅体现在财务收支方面，还包括教学质量、科研成果、师生满意度等多个维度。传统方法难以准确捕捉和评估这些非财务绩效。

4. 未来发展的不确定性

传统方法可能难以应对未来发展的不确定性。随着外部环境的变化，高校需要更灵活的财务预算编制方式，以适应新时代高校的发展需求。

（1）基于历史数据的限制

传统高校财务预算编制方法往往依赖于历史数据和经验，通过过去的情况来推测未来的需求。然而，未来的环境可能与过去存在较大差异，这样的方法可能无法准确预测未来的发展。

（2）缺乏灵活性和应变能力

传统方法在面对不确定性时可能缺乏足够的灵活性和应变能力。一旦外部环境或内部需求发生变化，传统方法可能需要较长的时间来进行调整，这导致高校难以迅速应对变化。

第二节　传统高校财务预算执行与控制方法

一、预算执行监控的关键环节

（一）预算执行的重要性

在高校财务预算管理中，预算执行是财务活动的重要组成部分。一旦预算编制完成，其执行决定了实际资源的配置和使用情况，直接影响到高校各项教育、科研、行政等活动的顺利开展。预算执行的效率和准确性关系到高校资源的最优利用，以及整体经济效益的实现。因此，对预算执行进行监控和控制显得尤为重要。

1. 实际资源配置与使用

一旦财务预算编制完成，预算执行将直接决定实际资源的配置和使用。高校的各个部门和项目将根据预算计划进行支出，包括教学、科研、行政、基础设施等方面的支出。预算执行的准确性和及时性将影响到各项活动是否能够按计划进行，从而保障高校的正常运转。

2. 资源的最优利用

预算执行直接关系到资源的最优利用。通过有效的预算执行，高校能够确保资源分配合理，避免资源的浪费和滥用。资源的最优利用不仅可以提升高校内部的效率，还可以增加资源的回报和价值，为高校的可持续性发展提供支持。

3. 经济效益的实现

预算执行的效率和准确性直接关系到经济效益的实现。如果预算执行不到位，可能导致资源的闲置或滥用，从而影响高校的财务状况。而有效的预算执行可以保障高校各项活动的顺利开展，实现教学质量的提升、科研成果的产出、社会服务的提供等，最终增加高校的经济效益。

4. 风险的防范与控制

预算执行过程中的监控和控制也有助于防范和控制潜在的风险。通过监测预算执行情况，高校可以及时发现预算超支、滥用等问题，从而采取相应措施进行调整和纠正，降低财务风险的发生概率。

5. 绩效评估与调整

预算执行的结果也是高校绩效评估的重要依据之一。通过比较实际执行情况和预算计划，高校可以评估各项活动的绩效，发现问题和不足之处。在必要时，高校可以根据绩效评估的结果进行预算的调整和优化，以更好地支持高校的发展目标。

6. 沟通与透明度

有效的预算执行可以增强高校内部的沟通和透明度。各部门可以清楚地了解自身的预算使用情况，以及其他部门的预算执行情况。这有助于避免信息不对称和误解，促进各部门之间的协作与合作。

预算执行在高校财务预算管理中具有重要的地位和作用。它直接影响到资源的配置、效益的实现、风险的控制等方面，因此需要高校在预算执行过程中加强监控和控制，确保预算的有效执行，为高校的发展提供有力支持。

（二）预算执行的关键环节

预算执行的监控涵盖了多个关键环节，旨在确保预算编制的计划得以顺利实施，财务资源的分配合理、透明，支出符合法规和内部规定。

1. 建立明确的预算执行责任体系

高校需要建立明确的预算执行责任体系，明确各部门和个人在预算执行过程中的职责和权限。明确责任，可以使预算的执行不受阻碍，各项活动得以有序进行。责任体系的建立还有助于形成预算执行的秩序和纪律，避免资源的滥用和浪费。

（1）重要性

建立明确的预算执行责任体系具有多重重要性：

a. 确保执行顺利

高校的各项活动需要预算的支持，明确的预算执行责任体系可以确保每个部门和个人都知道自己在预算执行中的角色和任务，从而使预算的执行更加顺利和高效。

b. 避免混淆和冲突

不同部门之间可能存在预算分配、使用方面的交叉影响，明确的预算执行责任体系可以避免在预算执行中出现混淆和冲突，减少协调成本。

c. 形成秩序和纪律

高校财务预算管理需要秩序和纪律，明确责任体系有助于在预算执行过程中形成规范化的操作流程，提高财务管理的效率。

d. 资源合理配置

不同部门有不同的资源需求，明确的预算执行责任体系，可以实现资源的合理配置，避免资源的滥用和浪费。

（2）建立步骤

建立明确的预算执行责任体系需要经过以下步骤：

a. 明确部门职责

高校应该明确各个部门在预算执行中的职责，包括预算编制、支出申请、预算执行、报账等方面的职责。

b. 设定权限边界

定义每个部门在预算执行中的权限范围，明确哪些事项需要经过批准、哪些事项可以自主决策，避免权限的混乱和冲突。

c. 制定执行流程

设计明确的预算执行流程，包括预算编制、申请、审批、执行和监控等环节，确保每个步骤都有明确的操作指南。

d. 建立沟通机制

部门之间需要沟通和协作，建立定期的沟通机制有助于信息的共享和问题的解决。

e. 培训和宣导

对各部门和个人进行培训，使他们了解预算执行责任体系的内容和重要性，以便更好地融入预算执行中。

f. 持续优化

预算执行责任体系需要根据实际情况进行持续优化和调整，以适应高校的发展变化和需求。

建立明确的预算执行责任体系对于传统高校财务预算评估与调整方法的成功实施至关重要。这不仅有助于确保预算的有效执行，还可以促进资源的合理利用，从而更好地支持高校的整体发展。

2. 建立有效的信息系统

一个有效的信息系统对于预算执行的监控至关重要。高校可以借助信息技术，建立预算执行的信息化平台，实现对实际支出的跟踪、记录和汇总。通过信息系统，高校可以实时了解预算执行的情况，及时发现异常和问题，为决策提供数据支持。此外，信息系统还可以加强对各项活动的监督，促进预算的合理执行。

（1）重要性

建立有效的信息系统对于预算执行的监控具有重要意义：

a. 实时监控

信息系统可以实时记录和展示预算执行情况，高校管理层可以随时了解实际支出情况，及时发现问题和异常。

b. 数据分析

信息系统可以将大量的数据进行整合和分析，帮助高校深入了解预算执行的趋势和模式，为决策提供数据支持。

c. 问题发现

信息系统可以自动检测和警示预算执行中的异常情况，例如支出偏差、超支等，使管理者能够及时采取措施。

d. 决策支持

基于信息系统提供的数据，高校管理层可以作出更明智的决策，优化资源分配，提高预算执行的效率。

（2）建立步骤

建立有效的信息系统需要经过以下步骤：

a. 需求分析

高校应该明确信息系统的需求，包括哪些数据需要被收集、记录和分析，以及信息系统需要提供哪些功能。

b. 技术选择

高校可以根据需求选择适合的信息技术，例如财务管理软件、数据库系统等，确保系统的稳定和可靠。

c. 系统设计

设计信息系统的架构、功能模块和界面，确保用户友好和易于操作。

d. 数据采集与录入

确定数据的采集来源，建立数据录入流程，保证数据的准确性和完整性。

e. 实施和测试

将信息系统部署到实际环境中，并进行测试，确保系统运行正常并满足预期需求。

f. 培训和推广

向相关人员提供系统培训，帮助他们熟练使用信息系统，从而实现预算执行的有效监控。

g. 持续优化

信息系统需要不断优化和升级，以适应高校的变化需求和新的技术发展。

建立有效的信息系统对于传统高校财务预算评估与调整方法的成功实施至关重要。这不仅可以实现对实际支出的监控，还可以提供数据支持，加强对各项活动的监督，从而促进预算的合理执行。

3. 定期进行预算与实际支出的对比分析

定期进行预算与实际支出的对比分析是预算执行监控的核心环节之一。高校应该设定一定的时间间隔，对预算与实际支出进行对比，分析差异的原因和程度。通过对比分析，高校可以及时发现预算执行中的问题，了解哪些支出超出预算，哪些支出未能得到充分利用。这有助于及时调整预算执行策略，优化资源分配。

（1）分析步骤

以下是定期进行预算与实际支出对比分析的具体步骤：

a. 设定时间间隔

高校应该根据实际情况设定一定的时间间隔，例如每月、每季度或每年，来进行预算与实际支出的对比分析。

b. 收集数据

在设定的时间间隔内，收集实际支出的数据，包括各项支出的具体金额和明细。

c. 制定对比指标

制定用于对比的指标，例如支出总额、各项支出的比例、支出偏差等，以便进行有效的分析。

d. 进行对比分析

将预算与实际支出进行对比，计算各项指标的差异，并分析差异的原因和程度。

e. 问题识别

根据对比分析的结果，识别出支出超出预算或未能得到充分利用的问题领域，找出造成偏差的具体原因。

f. 制定调整策略

基于问题识别的结果，制定相应的调整策略，可能包括削减支出、重新分配资源、优化资源使用等。

g. 跟踪效果

在下一个时间间隔内，继续对比预算与实际支出，跟踪调整策略的实施效果，看是否取得了预期的改进。

（2）分析意义

定期进行预算与实际支出的对比分析具有重要意义：

a. 问题发现

通过对比分析，高校可以及时发现预算执行中的问题和异常情况，如支出超支、资源浪费等。

b. 调整及时性

对比分析为高校提供了调整预算执行策略的依据，使得问题能够在早期被识别并得到解决。

c. 资源优化

通过对比分析，高校可以发现哪些资源利用不足，从而进行资源优化和合理分配。

d. 决策依据

对比分析的结果为高校管理层提供了决策依据，使其能够做出更明智的决策，优化资源配置。

（3）灵活应对

定期进行预算与实际支出的对比分析需要高校保持灵活性：

a. 变动情况

高校的预算执行可能会受到内外部环境的变化影响，因此对比分析需要考虑变动情况。

b. 调整策略

如果发现实际支出与预算存在较大差异，高校需要灵活调整策略，及时适应新的情况。

c. 持续改进

高校应不断改进对比分析的方法和指标体系，以提高分析的准确性和实用性。

定期进行预算与实际支出的对比分析是传统高校财务预算评估与调整方法中的关键环节之一。通过这一环节，高校能够更好地了解预算执行情况，发现问题并及时进行调整，从而实现资源的优化配置和整体发展目标的实现。

4. 采取措施应对异常情况

一旦发现预算执行中的异常情况，高校应该及时采取相应的措施进行调整。这可能涉及对预算的重新分配、支出的控制等，关键是能够灵活应对不同情况，确保预算执行的顺利进行。预算执行的过程中可能会面临外部环境变化、项目需求调整等情况，因此，高校需要具备灵活性，能够及时做出相应的反应和调整。

（1）异常情况的应对措施

以下是高校可能采取的一些应对异常情况的措施：

a. 预算重新分配

如果某个领域的支出超过了预算，高校可以考虑重新分配预算，将资源从其他领域调拨过来，以平衡预算支出。

b. 支出控制

针对支出超出预算的情况，高校可以采取临时的支出控制措施，例如暂停一些不紧急的项目或活动，以降低支出。

c. 资源优化

高校可以通过资源的重新配置和优化，确保资源得到更有效利用，从而减少浪费和不必要的支出。

d. 项目调整

如果项目需求发生变化，高校可以根据实际情况调整项目的预算和资源分配，确保项目仍然能够顺利进行。

e. 外部环境应对

外部环境的变化可能会对预算执行产生影响，高校需要根据外部环境的变化，灵活调整预算策略和资源分配。

（2）灵活性与反应速度

高校在应对异常情况时需要具备一定的灵活性和反应速度：

a. 快速反应

异常情况可能会突然发生，高校需要能够快速做出反应，避免问题扩大化。

b. 灵活调整

高校应当具备调整预算和资源分配的能力，以适应不同情况的需要。

c. 跨部门协作

应对异常情况可能需要各个部门的紧密协作，确保调整措施的顺利实施。

d. 预案制定

高校可以提前制定针对不同异常情况的应对预案，以便在发生情况时能够有条不紊地采取行动。

（3）持续改进

为了更好地应对异常情况，高校应该不断改进应对措施和方法：

a. 经验总结

高校可以通过总结以往的异常情况应对经验，积累经验教训，为未来的应对提供借鉴。

b. 制度完善

高校可以完善预算执行的制度和流程，确保在发生异常情况时能够按照规定进行应对。

c. 教育培训

高校可以对相关部门和人员进行培训，提高其应对异常情况的能力和意识。

高校需要在预算执行过程中保持灵活性，能够迅速做出调整，确保预算的顺利执行和资源的最优利用。

预算执行的监控和控制不仅关系到财务资源的有效使用，还涉及高校各项任务的完成情况。通过建立明确的预算执行责任体系、有效的信息系统、对比分析和灵活的应对措施，高校可以更好地实现预算的有效执行，从而支持教育教学、科研创新和综合发展的目标。

二、成本控制方法的演化与应用

（一）成本控制的重要性

高校作为非营利性机构，资源的有效利用尤为重要。成本控制方法的应用可以帮助高校在预算执行过程中更加有效地控制支出，实现财务资源的最优配置。

1. 高校资源的有效利用

高校作为非营利性机构，资源的有效利用尤为重要。资源的有限性使得高校需要在各项活动中实现最大程度的效益，而成本控制方法的应用可以帮助高校更好地管理和分配资源，以实现财务资源的最优配置。

（1）资源优化配置

成本控制方法的应用有助于高校更好地管理和分配资源。通过识别资源的使用效率，高校可以对不同领域的活动进行成本效益分析，从而做出科学的决策，实现资源的优化配置，提高资源的有效利用率。

（2）活动— Based 成本管理方法的应用

活动— Based 成本管理方法可以帮助高校了解不同活动的成本结构，从而明确资源分配的重点。通过识别资源使用的关键活动，高校可以针对性地进行成本控制，确保资源用在最有价值的领域。

2. 经济效益的实现

有效的成本控制可以直接促进高校的经济效益的实现。通过降低不必要的成本支出，高校可以提升财务状况，增加财务收入。这不仅有助于高校的可持续发展，还可以为更多的教育和研究活动提供支持。

（1）降低运营成本

成本控制方法的应用可以帮助高校降低运营成本，包括设备维护、人员管理、场地利用等成本。通过精细化的成本管理，高校可以节约开支，使得有限的经费能够更多地用于核心教育和研究活动。

（2）财务分析技术的应用

财务分析技术可以帮助高校深入分析财务数据，发现潜在的成本问题。例如，通过比较不同项目的成本与收益，高校可以判断哪些项目会带来更高的经济效益，从而调整资源分配策略。

3. 财务稳定性的维护

成本控制对于维护高校的财务稳定性至关重要。高校面临各种不确定性因素，包括政策变化、市场波动等，有效的成本控制可以帮助高校降低财务风险，增加应对不确定性的能力。

（1）降低财务风险

成本控制可以帮助高校降低财务风险，防范不利因素对预算执行的影响。通过确保支出在可控范围内，高校可以更好地应对外部环境的变化，降低财务风险的暴露度。

（2）预算动态管理的意义

预算动态管理强调预算的灵活性和调整，其使得高校能够根据外部环境变化灵活调整预算，以适应不确定性因素的影响。

（二）成本控制方法的演化

传统的成本控制方法主要侧重于核算和分析实际成本，如费用核算、成本差异分析等。然而，随着时代的发展和技术的进步，新的成本控制方法逐渐涌现，如活动— based 成本管理方法、财务分析技术等，其更加注重对成本的深入分析和管理。

1. 传统成本控制方法

传统的成本控制方法主要侧重于核算和分析实际成本。这些方法包括费用核算、成本差异分析等。通过比较实际成本和预算成本的差异，高校可以了解支出的偏差情况，从而采取相应的管理措施。

（1）费用核算

传统的成本控制方法主要包括费用核算，即对支出进行明细记录和核算。通过将实际支出按照不同的费用项目进行分类，高校可以清晰地了解各项费用的构成，从而判断哪些领域的支出偏高或偏低。

（2）成本差异分析

成本差异分析是传统成本控制的核心手段之一。通过比较实际成本与预算成本之间的差异，高校可以识别出支出偏差，并进一步分析造成差异的原因。例如，某项活动的支出超出预算，成本差异分析可以帮助高校找到超支的具体原因。

2. 新兴成本控制方法

随着时代的发展和技术的进步，新的成本控制方法逐渐涌现。其中之一是活动— based 成本管理方法。这种方法通过识别和分析不同活动的成本，将成本分配到不同的活动上，帮助高校更准确地了解资源的使用情况，从而更好地控制资源分配。另一个新兴方法是财务分析技术。这种方法通过对财务数据的深入分析，发现潜在的成本问题和风险，从而及时采取对策。财务分析技术可以揭示出高校内部的财务运作情况，帮助高校做出更明智的决策。

（1）活动— based 成本管理方法

随着管理理念的演进，活动— based 成本管理方法被逐渐引入高校的成本控制领域。这种方法关注活动的成本构成，将成本分配到不同的活动上，以更精确地了解资源的使用情况。例如，高校可以通过该方法分析教学活动的成本构成，从而确定哪些环节消耗了较多的资源。

（2）财务分析技术

新兴的成本控制方法之一是财务分析技术。这种方法通过对财务数据的深入分析，揭示潜在的成本问题和风险。高校可以利用财务分析技术发现不同活动的成本效益情况，从而调整资源配置策略，实现更好的成本控制。

（三）成本控制方法的应用

高校可以根据自身情况选择合适的成本控制方法。例如，活动— based 成本管理方法可以帮助高校了解不同活动的成本结构，从而更好地控制资源分配。财务分析技术则可以通过对财务数据的深入分析，发现潜在的成本问题，及时采取对策。

1. 选择合适的方法

高校可以根据自身情况选择合适的成本控制方法。传统方法仍然可以在某些情况下有效，尤其是对于成本核算和偏差分析。然而，在更深层次的成本管理方面，如资源分配的优化和财务风险的控制，新兴方法可能更具优势。

（1）传统方法的适用性

高校在选择成本控制方法时，应根据具体情况判断何种方法更为适合。传统的费用核算和成本差异分析仍然在某些情况下具有一定优势，特别是对于对实际支出的明细记录和对比分析。

（2）新兴方法的优势

随着管理理念的发展，高校在更深层次的成本管理方面可以考虑新型方法。活动— based 成本管理方法和财务分析技术能够更精确地揭示成本构成和潜在问题，为高校提供更有针对性的成本控制手段。

2. 活动— based 成本管理方法的应用

活动— based 成本管理方法可以帮助高校更好地理解资源在不同活动中的使用情况。通过确定活动驱动成本的因素，高校可以更准确地计算活动的成本，并分配资源到具体的活动上。这有助于高校优化资源分配，提升效率。

（1）深入了解活动成本

高校可以应用活动— based 成本管理方法，深入了解不同活动的成本构成。通过识别活动驱动成本的因素，高校可以更准确地计算不同活动的成本，从而为资源分配提供更有依据的参考。

（2）资源优化分配

活动— based 成本管理方法可以帮助高校优化资源的分配。通过对活动的成本进行分析，高校可以决定如何将资源分配到不同活动中，以实现资源的最优配置，提升效率和效益。

3. 财务分析技术的应用

财务分析技术可以通过对财务数据的挖掘和分析，揭示出潜在的成本问题和风险。高校可以利用数据分析工具，对财务数据进行深入探索，发现成本的波动趋势、异常情况等，从而采取相应的措施进行调整。

（1）数据驱动的决策

财务分析技术可以为高校提供数据驱动的决策支持。通过深入挖掘财务数据，高校可以发现成本波动的趋势、关键的成本驱动因素，从而更好地制定成本控制策略。

（2）风险识别与应对

财务分析技术还可以揭示潜在的成本问题和风险，帮助高校及时应对可能出现的财务挑战。通过对财务数据的深入分析，高校可以发现潜在的成本增长点，采取措施进行调整，降低财务风险。

4. 持续改进与创新

成本控制方法的应用需要不断改进和创新。高校应该与时俱进，关注新的成本管理方法和技术，不断寻求更好的方式来控制成本、优化资源分配，以适应不断变化的环境。

（1）跟随科技发展

高校在成本控制方法的应用中应不断跟随科技的发展。新的技术手段如大数据分析、人工智能等技术，在成本控制领域有着广泛的应用前景。高校可以积极探索如何利用这些技术来更好地进行成本管理。

（2）管理创新

成本控制的应用需要管理创新。高校可以鼓励管理团队提出新的成本控制思路和方法，推动成本控制策略的创新和演化。

通过选择合适的方法，高校可以更有效地控制成本，实现财务资源的最优配置，从而为高校的发展提供有力支持。

第三节　传统高校财务预算评估与调整方法

一、评估准则与指标体系的建立

（一）确定评估准则

评估准则是评价高校财务预算执行情况的标准和原则。在传统高校财务预算评估与调整方法中，建立明确的评估准则是确保评估过程科学有效的基础。这些准则不仅应该与高校的战略目标和发展方向相一致，还需要具备可衡量性、可操作性和适用性。

高校的评估准则可以涵盖多个维度，如教学、科研、社会影响等。以教学领域为例，评估准则可能包括教学质量、教学成果、学生满意度等。在确定评估准则时，高校需要考虑不同领域的特点和优先级，以确保准则的全面性和针对性。

1. 评估准则的重要性

评估准则是高校财务预算评估与调整方法中的基石，它们为评价预算执行情况提供了明确的标准和方向。这些准则不仅有助于确保财务资源的合理分配和优化利用，还可以指导高校在预算调整过程中的决策。通过明确的评估准则，高校可以更加科学地评估财务预算的执行情况，从而实现对预算的有效管理和调整。

2. 准则的一致性与战略目标

评估准则应与高校的战略目标和发展方向相一致。高校的战略目标可能包括提升教学质量、推动科研创新、加强社会影响等。因此，评估准则应该围绕这些目标展开，以确保预算的分配和执行能够有针对性地支持高校的长远发展。

3. 多维度的评估准则

评估准则应该涵盖高校各个重要领域，以全面地评估预算执行情况。高校作为综合性机构，其任务和职责涵盖教学、科研、社会服务等多个领域。因此，在确定评估准则时，高校需要考虑到这些不同领域的特点和优先级，确保准则的全面性和公正性。

4. 可衡量性、可操作性和适用性

评估准则需要具备可衡量性、可操作性和适用性。可衡量性意味着准则可以通过客观的数据和指标进行量化评估，避免主观判断和不确定性。可操作性意味着高校能够根据准则进行具体的预算调整和决策，而不仅仅是一种理论指导。适用性意味着准则应该适用于不同类型的高校和不同发展阶段，以确保其普适性和实用性。

（二）构建指标体系

评估准则的具体实现需要依赖于指标体系的构建。指标体系是用于量化评估准则的实现情况的一组衡量标准。在传统高校财务预算评估与调整方法中，构建合适的指标体系可以更加客观地反映高校在不同领域的表现。

指标体系应该包含多个维度和多个指标，以全面评估高校的财务预算执行情况。以科研领域为例，指标体系可能涵盖科研项目数量、科研成果质量、科研经费使用效率等。指标的选择应该基于准则的要求，具备可衡量性、可比较性和可操作性。

1. 指标体系的重要性

指标体系是传统高校财务预算评估与调整方法中的核心组成部分，它为评估准则的具体实现提供了量化的手段。通过合理构建指标体系，高校可以更加客观地衡量预算执行情况，从而为预算调整提供可靠的依据。

2. 指标体系的多维度性

指标体系应该涵盖高校在不同领域的表现，具备多维度性。高校的任务和职责涵盖了教学、科研、社会服务等多个领域，因此，指标体系应该针对不同领域设置相应的指标，以全面评估高校的财务预算执行情况。

3. 指标体系的可衡量性和可比较性

指标体系中的指标应该具备可衡量性和可比较性。可衡量性意味着指标可以通过客观的数据进行量化评估，避免主观判断和不确定性。可比较性意味着不同高校之间可以使用相同的指标进行比较，以了解其在特定领域的表现。

4. 指标体系的具体应用

在构建指标体系时，高校可以根据不同领域的评估准则选择相应的指标。以科研领域为例，指标体系可能包括以下方面：

科研项目数量：反映高校科研活动的规模和水平。

科研成果质量：通过 SCI/SSCI 论文数量、高水平成果获奖情况等衡量高校的科研质量。

科研经费使用效率：评估科研经费的使用情况和科研成果的投入产出比。

通过这些指标，高校可以量化评估科研领域的表现，为科研经费的预算调整提供依据。

指标体系的多维度性、可衡量性和可比较性可以更加客观地反映高校在不同领域的表现。通过合理的指标选择和数据采集处理，高校可以实现对财务预算执行情况的有效评估和调整。

（三）数据采集与分析

指标体系的实施需要依赖于数据的采集和分析。数据采集是获取与指标相关的数据的过程，数据分析则是对数据进行加工处理，以获得有价值的信息。数据的采集和分析对于评估准则的实现和指标体系的有效性具有重要影响。

高校应该建立科学的数据采集机制，确保采集的数据准确、完整，并能够反映真实情况。数据分析过程可以借助计算机软件、统计方法等工具，将海量数据转化为可读、可分析的信息，以支持评估准则的实施和指标体系的评估。

1. 数据采集的重要性

数据采集是传统高校财务预算评估与调整方法中的关键步骤，它为指标体系的实施提供了必要的信息基础。数据的准确性和完整性直接影响着评估准则的实现情况及后续预算调整的精确性。因此，建立科学的数据采集机制至关重要。

2. 数据采集的方法和来源

高校可以通过多种方法来采集数据，包括问卷调查、系统记录、统计报表等。对于不同领域的指标，数据的来源也可能有所不同。例如，教学质量可以通过学生评教结果进行采集，科研经费使用情况可以从财务系统中提取，师资队伍建设可以通过人事档案获取。

3. 数据采集的科学性和可靠性

在数据采集过程中，高校应该确保采集的数据具备科学性和可靠性。科学性意味着数据的采集方法应该合理，能够真实地反映高校的实际情况。可靠性意味着数据应该准确无误，避免因数据错误而影响评估结果。

4. 数据分析的方法和工具

数据采集完成后，数据分析师将海量数据转化为有意义的信息。高校可以借助计算机软件如 Excel、SPSS 等，采用统计方法、数据挖掘等技术进行数据分析。通过数据分析，高校可以发现潜在的规律和趋势，从而支持评估准则的实施和指标体系的评估。

5. 数据分析的应用

数据分析的应用不仅限于指标体系的评估，还可以帮助高校发现潜在的问题和机会。例如，通过对预算执行情况的数据分析，高校可以发现某个领域的开支异常增加，进而采取措施进行调整。数据分析还可以帮助高校进行走势预测，为未来的预算编制和调整提供参考依据。

科学的数据采集机制和合理的数据分析方法可以为指标体系的实施和预算调整提供有力支持，从而更好地实现财务资源的优化配置和高校整体发展目标的实现。

二、调整机制对预算动态管理的响应

（一）预算执行情况分析

在传统高校财务预算评估与调整方法中，首要步骤是对预算的执行情况进行深入分析。这意味着高校要对实际支出与预算支出进行详细比较和对比。通过这一分析，高校可以准确了解不同领域的支出情况，发现支出偏差及问题领域。例如，如果某项活动的支出超出了预算，就需要深入分析造成超支的原因，如是否是由于成本估算不准确、管理不善或者突发事件引起的。

1. 预算执行情况分析的重要性

预算执行情况分析对高校财务预算管理具有重要的指导作用。通过对比实际支出和预算支出，高校可以及时发现资源使用的偏差情况，识别出超支或低支出的领域。这有助于高校及早采取调整措施，避免资源浪费或影响正常活动开展。此外，预算执行情况分析还能够揭示出资源使用的效率和效果，为财务决策提供客观数据支持。

2. 预算执行情况分析的方法

预算执行情况分析的方法多样，包括数额对比分析、趋势分析、比率分析等。首先，数额对比分析可通过对实际支出与预算支出的绝对数额进行比较，找出偏差较大的项目。其次，趋势分析关注支出的变化趋势，从而判断资源使用是否呈现逐年增加或减少的特点。最后，比率分析利用财务比率来评估支出效率，如支出占总预算的比例等。

3. 预算执行情况分析的实际应用

举例来说，在教学领域，高校可能设定了一定的预算用于课程改进和教学资源采购。通过实际执行情况的分析，高校可以比较实际支出与预算支出的差异。如果某门课程的支出超过了预算，分析可能的原因，如教材价格上涨或者实际学生人数增加。基于这些分析结果，高校可以决定是否需要调整预算分配，以更好地适应实际需求。

通过准确比较实际支出与预算支出，高校能够及时发现资源使用的偏差，为决策提供科学依据。这不仅能够优化资源配置，还能够提高财务决策的准确性和效率，从而更好地支持高校的发展目标。

（二）调整策略制定

在对预算执行情况进行分析后，高校需要根据分析结果制定相应的调整策略。这些策略可能包括多个方面，如削减支出、重新分配资源、优化资源使用等。调整策略的制定应当基于实际情况，并且需要与预算评估的准则相一致。例如，如果教学领域的支出偏高，高校可以考虑通过调整课程设置或优化教学资源的利用来实现支出的控制。

1. 调整策略制定的重要性

调整策略制定是将预算评估转化为实际行动的关键环节。通过制定科学合理的调整策略，高校能够针对性地解决资源分配中的问题，避免浪费，提高资源的利用效率。调整策略不仅有助于实现财务预算的合理分配，还能够更好地支持高校的教学、科研、行政等活动的顺利开展。

2. 调整策略的制定方法

在制定调整策略时，高校可以采用多种方法，如成本效益分析、优先级排序、资源重新分配等。首先，成本效益分析可以帮助高校评估不同活动的成本与效益，从而确定哪些活动可以削减支出或者增加投入。其次，通过设定优先级，高校可以在资源有限的情况下，优先保障对战略目标的支持。最后，资源重新分配可以根据活动的实际需求，调整预算分配，使资源得到更加合理的利用。

3. 调整策略的实际应用

例如，在科研领域，如果某个科研项目的支出超出了预算，高校可以制定调整策略，如寻求外部资助、与其他项目合并等，以降低成本。另外，如果某个科研项目的支出偏低，高校可以考虑增加投入，以提高项目的科研成果和影响力。

通过制定科学的调整策略，高校能够根据实际情况，有针对性地调整资源分配，以更好地支持战略目标的实现。这不仅有助于财务预算的优化，还能够推动高校的持续发展。

（三）监控与反馈

高校可以建立定期的监控机制，以追踪调整策略的实施效果。这种监控可以帮助高校及时发现调整效果是否符合预期，是否需要进一步改进。监控还有助于发现新的问题和风险，为及时调整和决策提供数据支持。

1. 监控与反馈的重要性

监控与反馈是预算调整的闭环过程中至关重要的一环。预算调整后，通过建立监控机制，高校能够实时追踪资源分配和调整策略的实施情况，确保调整的有效性和效果。同时，监控还有助于及时发现和解决新的问题和风险，以防止潜在的财务浪费和资源错配。

2. 监控与反馈的方法

高校可以采用多种方法进行监控与反馈，如定期报告、数据分析、绩效评价等。首先，定期报告可以定期汇总调整策略的实施情况和效果，向管理层和相关部门提供透明的信息，以便及时作出决策。其次，数据分析可以通过比较实际数据和预算数据，评估调整策略的实际效果，发现偏差和问题。最后，绩效评价可以通过制定评价指标，对调整策略的实施效果进行定量和定性评估，以便更好地指导后续决策。

3. 监控与反馈的实际应用

例如，在教学领域，如果高校制定了调整策略以优化课程资源的使用，可以通过监控学生的学习成绩、课程反馈和教师评价来评估调整的效果。如果调整后学生成绩有明显提升，课程反馈变得更加积极，那么我们可以认为调整策略是成功的。如果效果不如预期，高校可以通过反馈信息，进行进一步分析，并调整策略以达到更好的效果。

通过有效的监控和反馈机制，高校能够实现调整策略的持续优化，确保资源分配和预算调整的有效性和适应性。这有助于高校实现财务资源的最优配置，推动高校的持续发展。

（四）预算动态管理

传统方法强调预算的动态管理，这意味着预算并非一成不变的，而应根据内外部环境的变化进行灵活调整。这种动态管理需要高校保持灵活性，根据变化的需求和环境，对预算进行合理调整和优化。例如，随着外部经济环境的波动，高校可能需要根据实际情况进行预算的紧缩或扩张。

1. 预算动态管理的重要性

预算动态管理是高校财务预算管理的重要策略之一。在不断变化的环境中，固定不变的预算很难适应高校的实际需求。通过实施预算动态管理，高校能够更好地应对内外部环境的变化，保持财务灵活性，从而更有效地支持教学、科研和行政等各项活动的顺利开展。

2. 实际操作与方法

在预算动态管理的实际操作中，高校需要建立灵活的预算调整机制。首先，高校应建立敏感的预警机制，及时发现潜在的财务问题和风险。其次，高校需要根据变化的需求和环境，制定相应的预算调整策略。例如，在经济下行期间，高校可以考虑紧缩预算，减少不必要的支出；而在科研项目有突破性进展时，可以适度增加科研经费。此外，高校还应建立有效的决策机制，确保预算的调整和决策能够迅速响应变化。

（五）制度建设与优化

为了实现有效的预算评估与调整，高校需要建立健全的制度和流程。这涉及预算执行的规范化、数据的收集与管理、评估准则的制定等方面。制度的建设不仅需要考虑当前情况，还应具备应对未来变化的弹性。通过不断的制度优化和完善，高校可以提高预算评估与调整的效率和准确性，从而更好地支持高校整体发展目标的实现。

1. 制度建设的重要性

制度建设是实现高校财务预算评估与调整有效性的关键一环。通过建立明确的制度和流程，高校能够规范财务活动，减少不确定性，提高管理效率。制度建设还有助于确保预算评估与调整的公平性和透明度，增强高校内部和外部的相互信任与合作。

2. 实际操作与方法

制度建设涉及多个方面，包括预算执行的规范化、数据的收集和管理、评估准则的制定等。首先，高校可以建立预算执行的标准操作程序，明确预算执行的各项环节和责任。其次，建立高效的数据收集和管理系统，确保数据的准确性和完整性。同时，高校需要制定明确的评估准则和指标，为预算评估提供科学的依据。

3. 制度优化的方向

随着时代的发展和高校环境的变化，制度需要不断优化和完善。首先，制度应该具备灵活性，能够适应外部环境和内部需求的变化。其次，制度的数字化建设是一个重要方向，通过信息技术的应用，实现财务数据的实时监控和管理，提高决策的科学性和准确性。此外，制度还应强调风险管理和合规性，确保高校财务活动的合法性和安全性。

通过建立健全的制度和流程，高校能够实现财务预算管理的规范化和科学化，提高预算评估与调整的效率和准确性。随着时代的发展，制度的优化和创新将成为高校财务预算管理的持续任务，以适应不断变化的需求和挑战。

传统高校财务预算评估与调整方法强调了对预算的动态管理，需要通过对预算执行情况的分析、制定合适的调整策略、持续地监控与反馈及建立健全的制度来实现预算的有效管理和资源的优化配置。这一过程能够使高校更好地适应变化的需求和环境，实现财务资源的最优利用和整体发展目标的实现。

第四章　新时代高校财务预算管理的需求与挑战

第一节　新时代高校财务预算管理的需求

一、科技进步给高校财务预算管理带来的变革

（一）信息化管理的需求

科技的日益发展给高校管理带来了深刻的变革，尤其是在信息化管理方面。现代高校作为知识密集型组织，涉及众多复杂的运营活动，而这些活动产生了大量的信息和数据。因此，高校财务预算管理需要充分利用信息技术，建立高效的信息系统，以满足信息化管理的需求。

1. 全面数据收集与整合

高校财务预算管理需要从各个部门和层面收集大量的数据，涵盖诸如教职员工工资、科研经费使用情况、设备采购支出等方面。信息技术可以帮助高校实现全面的数据收集与整合，将分散在各个部门的数据汇总到一个统一的平台上，实现数据的一体化管理和利用。

（1）数据收集的挑战与需求

高校作为复杂的组织机构，涵盖了广泛的教育、科研、行政等活动，每个领域都会产生大量的数据。然而，这些数据往往分散在各个部门、系统中，会导致数据孤岛和信息碎片化的问题。这使得高校难以全面了解资源使用情况、成本分布及支出趋势，从而影响了财务预算管理的准确性和效率。

（2）信息技术的应用

信息技术在高校财务预算管理中的应用成为解决数据收集与整合问题的有效途径。以下是信息技术在全面数据收集与整合方面的应用：

a. 数据平台建设

高校可以借助信息技术建立统一的数据平台，将各个部门的数据整合到一个中心数据库中。这使得各类数据能够实现共享和互通，从而解决了数据孤岛问题。

b. 自动化数据采集

自动化技术可以实现数据的自动采集和汇总，减少了人工操作的错误和时间成本。例如，高校可以采用自动化的系统收集教职员工的工资、福利等数据，实现数据的实时更新。

c. 数据标准化

信息技术可以帮助高校制定数据标准和格式，确保各个部门采集的数据具有一致性和可比性。这有助于实现不同数据源的无缝对接和整合。

（3）数据一体化管理的优势

全面数据收集与整合的应用带来了诸多优势，有助于高校财务预算管理的高效性和精

确性：

a. 综合洞察资源使用情况

通过整合各类数据，高校能够更全面地了解资源的分配和使用情况，包括教学资源、科研经费等。这为决策提供了实际依据，有助于优化资源配置。

b. 趋势分析和预测

数据的一体化管理使得高校能够进行更准确的趋势分析和预测。通过历史数据的分析，高校可以预测未来的支出趋势，从而更有针对性地制订预算计划。

c. 实时监控与反馈

信息技术使得数据的更新和监控变得更加实时化。高校可以随时监控预算执行情况，及时发现偏差并采取调整措施。

2. 数据分析与决策支持

科技进步催生了强大的数据分析工具和技术，高校可以利用这些工具对大量数据进行深入分析。通过数据挖掘、数据模型建立等手段，高校可以获取对预算执行情况、成本结构、资源利用效率等方面的深刻洞察，从而为决策提供有力支持。

（1）科技进步与数据分析

科技进步使数据分析领域有了革命性的变化。高校拥有大量的数据资源，包括学生信息、财务数据、研究成果等，这些数据蕴含了丰富的信息。借助先进的数据分析工具和技术，高校能够更深入地理解数据背后的模式、趋势和关联，从而为决策提供更准确的支持。

（2）数据分析的应用

高校在财务预算管理中可以应用数据分析来实现更精细化的决策支持：

a. 数据挖掘

高校可以利用数据挖掘技术，从海量数据中发现隐藏的规律和趋势。例如，分析不同项目的支出模式，找出成本过高的环节，并制定相应的成本控制策略。

b. 预测模型建立

借助预测模型，高校可以预测未来的成本趋势、经费需求等，从而更准确地制订预算计划。这有助于高校应对不确定性和风险。

c. 成本效益分析

数据分析可以帮助高校进行成本效益分析，评估不同项目和活动的投入产出关系。这有助于决策者进行资源的合理配置，优化资源利用。

d. 实时监控与预警

高校可以建立实时监控系统，通过数据分析技术，及时发现偏差和异常情况。一旦预算执行偏离预期，系统会发出预警，促使决策者及时调整。

（3）决策支持的优势

数据分析为高校的财务预算管理带来了极大的优势：

a. 精细化决策

数据分析可以揭示数据的深层次信息，帮助决策者作出更加精细化的决策。通过深入分析，决策者能够更准确地了解资源分配的效果，从而做出更明智的决策。

b. 数据驱动决策

数据分析让决策过程更加客观和科学。决策不再仅仅依靠主观判断，而是基于数据的支持，降低了决策的风险。

c. 快速响应

借助实时数据分析，高校能够更快速地响应变化。一旦发现问题或偏差，决策者可以立即采取措施进行调整，避免问题扩大化。

d. 提升效率

数据分析可以发现资源利用的瓶颈和低效环节，从而优化资源分配，提升效率，实现成本控制。

（二）智能决策的迫切性

随着人工智能和大数据分析技术的飞速发展，智能决策在高校财务预算管理中变得愈发迫切。

1. 预测与趋势分析

高校财务预算管理需要考虑众多变量的影响，而人工智能技术可以通过分析历史数据，预测未来的趋势和变化。例如，基于学生招生和课程选课数据，高校可以预测未来学生人数的变化趋势，以便更准确地规划资源分配和财务预算。

2. 风险识别与管理

人工智能技术可以辅助高校识别潜在的财务风险，减少不确定性。通过大数据分析，高校可以发现成本超支的风险因素、收入波动的潜在原因等，从而采取相应的风险控制策略。

二、教育国际化对高校财务预算管理的新需求

（一）全球化视野下的高校财务预算管理策略

教育国际化使得高校面临更广阔的市场和合作机会，也带来了更大的竞争压力。在这一背景下，高校财务预算管理需要拓宽全球化视野，制定更加灵活和适应性强的预算策略，以应对国际合作和交流的多样化需求。

1. 拓展市场和合作机会

教育国际化使得高校可以在全球范围内拓展市场，吸引来自不同国家和地区的学生和合作伙伴。这意味着高校财务预算管理需要考虑更广阔的收入来源和支出项目，制定灵活的预算策略来满足多样化的需求。

2. 竞争压力的增加

教育国际化带来了全球范围内高校竞争的加剧。高校需要在预算策略中更加注重效益和质量，以确保资源的优化配置，从而在国际竞争中占据有利地位。

3. 跨文化管理

高校在进行国际合作时需要考虑不同文化和法律环境下的管理问题。高校财务预算管理需要适应不同国家的财务规范和流程，以确保合作项目的顺利运行和资金的透明使用。

（二）国际合作资金的管理

高校在开展国际合作项目时需要管理不同来源的资金，这要求财务预算管理能够适应不同国家和地区的财务规范和流程。因此，高校需要建立跨国预算管理体系，确保国际合作资金的有效使用和透明管理。

1. 跨国资金流动

在国际合作项目中，资金可能来自不同国家或地区的合作伙伴，需要跨国流动。财务预算管理需要具备跨境支付和结算的能力，确保资金的安全和准确流转。

（1）跨境支付的挑战与应对

在国际合作项目中，资金的交付和收取往往涉及不同国家之间的跨境支付。不同国家的货币体系、外汇管制和支付方式可能存在差异，这可能导致支付的复杂性和不确定性。例如，某高校与国外合作伙伴开展联合研究项目，需要支付一定的研究经费。但是，受到不同国家汇率波动和支付系统的影响，资金的到账可能出现延迟，进而影响项目的进展。

为了应对这一挑战，高校可以考虑采用多种支付方式，如国际汇款、跨境支付平台等，以确保资金能够准确、及时地到账。此外，高校还可以与金融机构合作，了解不同国家的支付规则和流程，为跨境支付提供专业指导和支持。

（2）跨境结算的管理

国际合作项目往往涉及跨国资金流动的问题，其中包括跨境结算。例如，高校与国际合作伙伴在联合培养项目中，可能需要就学费、教材费等进行跨国结算。不同国家的结算规则和时间可能存在差异，这可能导致资金的滞留或延迟。

为了有效管理跨境结算，高校可以建立严格的结算流程和时间表，与合作伙伴明确结算方式和时间节点。此外，高校还可以寻求专业的跨境支付服务提供商的支持，确保跨境结算的顺利进行。

2. 财务规范的适应

不同国家和地区有不同的财务规范和法律要求。高校需要了解并适应合作伙伴国家的财务法规，以确保预算的合规性和透明度。

（1）国际财务法规的了解与应用

不同国家和地区存在不同的财务法规和会计准则，这对国际合作项目的财务管理提出了挑战。例如，高校在国际合作项目中可能需要遵守不同国家的税务规定、会计准则和报告要求。这就要求高校财务预算管理人员具备了解和适应不同国家财务法规的能力。

为了应对这一挑战，高校可以组建跨国团队，包括财务专业人员和法律专家，共同研究并制定符合不同国家法规的财务管理方案。此外，高校还可以与国际会计师事务所合作，获取专业的国际财务法规意见和服务。

（2）财务报告的透明度与一致性

在国际合作项目中，合作伙伴可能需要对项目的财务状况进行监督和审计。不同国家的财务报告要求可能存在差异，这可能导致合作伙伴难以理解和比较财务信息。例如，高校与国际合作伙伴在联合办学项目中，可能需要提供财务报告以展示学费收入、支出分配等情况。

为了确保财务报告的透明度和一致性，高校可以制定统一的财务报告模板和标准，确保财务信息的准确传递。此外，高校还可以与合作伙伴定期沟通，解释财务报告的内容和含义，提高合作伙伴对财务信息的理解和信任。

3.资金使用的监控

国际合作项目的资金使用需要更加严格地监控和审计。高校财务预算管理需要建立有效的监控机制，确保国际合作资金的使用符合合同约定和项目要求。

（1）国际合作项目的风险管理

国际合作项目涉及不同国家的资金流动和使用，可能面临更多的风险。例如，汇率波动、政治不稳定、法律法规变化等因素都可能影响项目资金的安全和稳定使用。高校需要建立有效的风险管理机制，识别并评估各种风险，制定相应的风险应对策略。

为了降低风险，高校可以考虑采取多元化的资金管理方式，如货币互换、风险对冲等，以减轻汇率波动对资金的影响。此外，高校还可以与国际金融机构合作，获得风险管理方面的专业意见和支持。

（2）资金使用的合规性和透明度

国际合作项目的资金使用需要符合合同约定、项目要求及各国的财务法规。高校需要建立严格的资金使用审批流程和监控机制，确保资金的合规性和透明度。例如，在联合研究项目中，高校需要明确每笔经费的用途、收支情况，并及时报告给合作伙伴和相关监管机构。

为了实现资金使用的合规性和透明度，高校可以建立跨国资金审计制度，定期对国际合作项目的资金使用情况进行审计和核查。此外，高校还可以与合作伙伴签署明确的合作协议，明确资金使用的相关条款和责任。

4.跨国预算管理体系

高校可以考虑建立跨国预算管理体系，整合不同国家合作项目的预算信息和数据。这有助于更好地掌握国际合作资金的流动和使用情况。

（1）跨国预算整合与分析

国际合作项目可能涉及多个国家的预算和资金流动，需要建立跨国预算管理体系，整合不同国家的预算信息和数据。高校可以利用信息技术，建立统一的预算平台，实现预算数据的集中管理、分析和报告。例如，在国际交流项目中，高校可以通过预算管理系统实时监控不同项目的支出情况，及时作出调整。

（2）跨国预算协调与沟通

国际合作项目涉及多个合作伙伴，各方的预算和资金需求可能存在差异。高校需要加强与合作伙伴的沟通与协调，确保预算的分配和使用得到各方的认可。例如，在联合培养项目中，高校需要与合作伙伴协商学费、奖学金等问题，确保预算的合理分配。

（3）跨国预算管理的技术支持

为了实现跨国预算管理，高校可以借助先进的信息技术工具，如云计算、大数据分析等。这些技术可以帮助高校实现预算数据的实时监控、跨国协同和决策支持。例如，高校可以通过云平台共享预算数据，实现跨国预算管理的高效运作。

教育国际化对高校财务预算管理提出了新的需求，要求高校在国际合作项目中能够适应跨国资金流动、遵守不同国家的财务法规、建立风险管理机制及建立跨国预算管理体系。通过科学合理的管理手段，高校可以更好地实现国际合作的目标，促进教育国际化的进程。

三、智慧校园背景下高校财务一体化管理模式

随着智慧校园模式的持续推进，财务信息化建设逐渐成为高校信息化发展的关键之一。高校财务一体化管理模式对高校教学活动的开展极为重要，信息化发展为高校财务一体化管理模式的转型提供了技术支持。

（一）高校财务一体化管理模式的含义及重要性

1. 高校财务一体化管理模式的含义

高校财务一体化管理模式是指在高校财务管理中采用的一种比较全面、完整的管理模式，是指基于计算机和网络技术建立财务管理系统，以满足高校内部的财务信息化管理需求，将高校财务管理的各个领域有机结合在一起，构成一个完整的体系，以实现高校财务的整体管理和优化。具体来说，高校财务一体化管理模式包括财务战略规划、预算管理、会计核算、财务报表、内部控制、审计和财务决策支持等方面。在高校财务一体化管理模式中，信息系统的建设和应用是关键的一环，其可以实现对信息的集中管理和共享，并且确保信息的高效、准确传递。另外，高校财务一体化管理模式还注重建立规范的流程和制度，并强化内部控制，在确保财务运作合规的同时提高管理效率，帮助高校充分利用资源，增强绩效管理能力，推动高校向现代化、信息化、智能化方向发展，提高高校的核心竞争力。

2. 高校财务一体化管理模式的重要性

高等教育机构在信息技术迅速发展的背景下，逐渐认识到高校财务预算管理的重要性，为此，引入高校财务一体化管理模式显得尤为迫切。高校作为创新、创造和知识传播的重要场所，在我国高等教育规模不断扩大的情况下，其面临着日益复杂的财务挑战。在提升财务管理水平、推进财务一体化管理方面，高校财务一体化管理模式的发展具有突出的优势和必要性。

（1）信息化优势

高校财务一体化管理模式借助信息技术，提供了更高效、更智能、更便捷的管理手段。特别是在财务数据的统计、分析及多角度审视财务基础数据等方面，信息化管理展现出显著优势。这使得高校能够在财务管理效率提升、数据安全性、财务决策的理性等方面取得重要进展。

（2）管理水平提升

现代高校不再仅限于传统的教学和科研功能，而是需进行多元化管理。高校财务一体化管理模式对于提升高校整体管理水平具有至关重要的作用。通过信息一体化建设，高校能够实现信息资源的共享和流通，进而提升管理效能，为高校的改革创新提供更坚实的支撑。

（3）内部管理强化

高校在日常经营中面临诸多问题，尤其在财务和信息管理方面，这些问题可能对高校运行产生影响。建立完善的财务管理体系和信息管理平台有助于强化高校的内部管理。这不仅能够更好地保障高校的正常运行和发展，还能够更有效地应对内部风险和挑战。

例如，一所高校引入了财务一体化管理系统，将财务数据、采购信息、资产管理等整合在一个平台上，极大地提高了内部信息的流通效率。例如，高校可以更迅速地获取各部门的支出情况信息，从而及时进行预算调整，优化资源配置，实现财务管理的精细化。

通过信息化手段提升管理效率、强化内部管理、推进管理水平提升，高校可以更好地适应复杂多变的环境，更有效地实现可持续发展目标。

（二）高校财务一体化管理模式现存问题

1. 校内各部门缺少统一的数据标准

我国高校内部拥有各个职能部门，各职能部门中存在多种管理体系，所采用的数据标准均有不同，因此高校内部的财务管理系统所采用的数据标准也不统一。高校各部门也并未构建起功能性强的智慧校园管理系统，这导致高校内部各个职能部门之间无法较好地实现数据与信息的资源共享，财务数据也无法充分发挥其作用。

（1）多样化的管理体系导致数据标准不统一

在我国的高校内部，各个职能部门拥有各自的管理体系和操作规范。由于不同部门的职能和任务不同，它们会采用适合自身需求的数据标准和信息系统。这就导致了高校内部数据标准的多样性和不统一性。例如，财务部门和人力资源部门可能对数据的定义和记录方式存在差异，从而造成数据在不同部门之间难以对应和匹配。

（2）缺乏智慧校园管理系统

高校内部虽然有各种信息系统，但缺乏一个统一的智慧校园管理系统，这导致各个职能部门无法实现数据和信息的有效共享。这使得财务数据的流通受限，阻碍了高校内部数据的集成和利用。

（3）数据冗余与不一致

各部门使用不同的数据标准，可能会导致数据冗余和不一致的问题。相同的数据在不同部门中可能会以不同的形式存在，造成数据重复录入，浪费存储资源，同时也容易出现数据不一致性，影响了数据的准确性和可靠性。

（4）影响决策和管理

高校内部数据标准的不统一也会影响高校管理者的决策和管理工作。不同部门使用不同的数据标准，可能会导致相同指标的数据分析结果不一致，使得管理者难以获取全局的、准确的信息，从而影响了决策的科学性和准确性。

（5）信息化建设水平受限

数据标准化是信息化建设的基础，缺乏统一的数据标准会制约高校信息化建设水平的提升。在信息系统互通和数据共享的过程中，数据标准不一致会导致系统集成难度增加，降低信息化建设的效率和效果。

2. 智慧校园平台与财务云平台的融合程度不高

自智慧校园平台和财务云平台出现以来，高校的管理运营发生了较大改变，但是目前来看，两个平台的融合程度还较低，这导致高校的财务管理与信息化发展不平衡。

（1）低融合程度的问题

尽管智慧校园平台和财务云平台的引入为高校管理带来了革新，但目前两者的融合程度仍然相对较低。这表现在数据共享、信息流通等方面存在一系列问题，阻碍了高校内部管理的协同和优化。

（2）数据共享和信息流通不畅

智慧校园平台和财务云平台尚未能够实现无缝的数据共享和信息流通。财务数据与其他校园信息的互通有限，造成信息孤岛的现象。例如，学生信息、教职工信息和财务数据在不同平台间不能有效对接，影响了高校内部的信息共享与协同。

（3）业务流程割裂

两个平台在高校内部运作相对独立，缺乏统一的信息流、人流和物流。这导致了业务流程的割裂，例如在学生缴费、人事薪酬等方面，财务数据的处理与其他平台的操作并不紧密衔接，增加了人员操作的烦琐性和时间成本。

（4）信息对接难题和管理成本

两个平台融合不深入也带来了信息对接难题和管理成本的问题。高校需要在不同平台之间进行数据传递、匹配和校验，这增加了管理的复杂性和工作量。这也意味着需要投入更多的人力和物力资源来维护平台之间的协同。

（5）技术和人才不足

部分高校面临财务管理和信息化建设能力不足的挑战。缺乏合适的技术支持和熟练的人才，这使得财务系统和信息系统在实际应用中难以做到无缝对接。这导致了两个平台之间存在功能不匹配的问题，限制了高校的财务管理水平的提升。

（6）局限性与办事效率低下

融合程度不够深入造成了高校财务管理的局限性，使高校在数据共享、业务协同等方面存在很大的限制。这进一步影响了高校的办事效率和管理水平，制约了高校在财务管理领域的现代化进程。

3. 高校财务一体化管理模式的顶层设计不够完备

高校财务一体化管理模式需要不断完善数据信息化的顶层设计，持续改进财务管理所需的软件和硬件设施，并建立统一的智慧校园数据信息标准，以有效提高高校内部财务管理信息化建设的效率和质量。然而，当前部分高校在财务一体化管理模式构建方面存在问题。

（1）不完备的顶层设计

高校财务一体化管理模式在顶层设计方面存在一系列问题，限制了信息化建设的有效推进。

（2）管理人员重视不够

当前，财务管理人员和高层管理人员对财务信息化管理的顶层设计并未充分重视。缺乏对信息化建设的深刻认识，可能导致财务系统在建设过程中忽视了整体架构和战略规划，影响了系统的可持续发展。

（3）脱离相关规章制度和政策

在财务信息化管理的顶层设计中，部分高校未能将设计与国家相关规章制度和政策有机结合。这可能使得高校财务管理体系在建设中偏离了政策导向，造成了内外部管理的不匹配。

（4）缺乏明确思路和目标

一些高校在财务信息化管理方面缺乏明确的思路和目标，未进行科学的规划和设计，过于注重流程改造和技术建设，忽略了高校财务管理的核心目标和本质需求。

（5）组织结构和管理模式问题

财务一体化管理需要合理的组织结构和管理模式支持，但一些高校在这方面存在问题。部门之间协同合作不足，导致信息共享和业务协同困难，同时，缺乏有效的过程管理和质量管理，难以达到标准化和规范化的要求。

（6）缺乏内部审计和内控管理

顶层设计也未充分考虑内部审计和内控管理。这可能导致财务信息化建设在保障风险控制、数据安全和合规性方面存在不足，影响高校财务预算管理的整体稳定性。

（三）智慧校园背景下高校财务一体化管理模式的构建策略

1. 不断完善财务一体化管理顶层设计

高校在进行智慧校园建设的过程中，要想有效提高校内财务相关部门处理信息的效率，打破高校财务信息分离的现状，就要科学、合理、充分地利用先进的智能处理、云计算和大数据等信息技术，构建高校内部财务一体化的综合管理体系。在这一过程中，注重高校财务信息化方面的顶层设计和规划工作尤为重要。

首先，在以云数据为中心建构高校内部业务财务一体化共享数据中心时，高校应将校内的缴费、预算、人事、教育科研和资产等体系充分综合起来，利用这些系统将高校各个职能部门的财务数据实时自动转换为会计专业语言并自动生成相应的财务管理数据。

其次，高校要将各个职能部门的内部控制与管理、业务管理及绩效管理相应措施纳入财务业务流程，实现高校统一控制与认证、集中控制与授权一体化财务管理。

再次，在保障智慧校园平台数据安全的前提下，高校可以通过网络平台将业务管理系统和财务管理系统结合起来，使不同部门管理人员可以无缝对接，赋予他们相应的职能权限，并及时获取校内业务管理数据，大幅提升高校内部财务数据的应用效率。

2. 构建更加完善的业财一体化系统

高校可以通过科学运用智慧校园平台，扩充校内财务体系与业务体系之间的边界，实现校内财务系统部门与其他各类部门的数据互通，并将财务部门的数据处理技术与流程有机融合，以打通校内各类业务部门与财务部门的数据接口，从而实现高校财务数据的自动化处理，为高校内部财务与信息一体化系统的进一步完善打下坚实基础。

首先，高校可以将智慧校园系统作为平台，将高校内部的财务数据管理系统作为核心，并将其与教育教学系统、高校资产管理、科研人事管理、人员就业等系统连接，从而实现高校内部业务系统数据与财务管理数据的互相联通，促使高校财务一体化管理系统得到改进和完善。

其次，利用智慧校园云平台实时共享财务数据，在系统控制下利用物联网技术和光学字符识别（Optical Character Recognition，OCR）技术等进行财务报销，通过信息化技术的影像扫描和采集，自动将财务数据发送至相关财务管理系统，然后通过税务机关中的发票验伪系统与财务管理系统的联网，自动生成财务内部记账的原始账单与财务结算表，从而保障相关业务顺利完成。例如，将国有资产系统与校内固定资产的管理系统相连接，形成完备的资产管理周期的业务处理系统。在智能化自动化系统的控制下，高校可以利用物联网技术与 OCR 技术等进行财务报销，业务办理人员只需要提供类似发票等票据的凭证信息，就能够将相关报销数据自动发送至相关财务管理系统中进行处理。通过税务机关的发票验伪系统与财务管理系统的联网，系统能够对相关凭证进行自动校验，并自动生成财务内部记账的原始账单与财务决算表。

3. 利用事项驱动加深智慧校园平台与财务管理系统的融合度

高校智慧校园建设中重要的内容之一是将高校财务一体化体系与校内其他业务管理体系更深层次融合。随着云技术发展速度加快，高校财务的云化管理已成为发展趋势。云技术对财务管理系统的要求便是采用事项驱动符合既定标准的业务处理流程来处理高校内部财务系统相关数据，业务与财务一体化的关键是构建以事项驱动处理财务相关信息为基点的标准化流程，遵循高校财务管理要求，使高校内财务系统数据处理流程的各个环节得到巩固。在当前经济高速发展的时代背景下，这一融合趋势将加速推进。

除此之外，我们还要从高校财务系统的核算规则与风险管控方面出发，强化对高校内部财务管理系统的控制与管理。通过设计各类业务系统数据的标准化周期流程，构建更加标准的流程和规则，高校财务管控与财务数据的处理有机对接。同时，以更加统一规范的业务处理过程为基点，进行高校智慧校园平台的结构化数据建设，从而更好地实现高校内部各类服务平台的数据与财务管理系统数据的深层融合。对高校财务数据信息的处理流程进行科学合理重构，利用自动化方式处理财务相关数据信息，避免信息出现偏差与失误，这样能够有效达到消除高校财务系统中烦琐多余数据信息的目的。例如，在处理出差等日常报销业务数据的流程中，高校财务工作人员只需要在相关事项产生时，依据既定的数据流程规范完善事项数据审批、上报及流转相关数据，就能够自动生成事项相关财务语言。同时，将事项数据传送至财务核算系统中，便能更好地实现财务会计核算事项数据与相关业务办理的一体化构建。

各大高校必须足够重视财务一体化管理模式的建设，做好财务一体化管理模式顶层设计工作，不断完善高校智慧校园建设的信息化平台，除此之外，还要明确有关财务部门数据方面的相关标准，使高校财务快速形成一体化的管理模式，使高校财务部门的资金管理、业务管理及预算决算分析等信息融为一体，从而提高高校财务部门相关业务信息的处理效率，促进高校财务一体化管理模式的广泛应用。

第二节　新时代高校财务预算管理面临的挑战

一、技术创新背景下的挑战分析

（一）数据安全与隐私保护

随着技术的创新，高校财务预算管理越来越依赖于信息技术和数据分析。然而，大量敏感财务数据的存储和处理也引发了数据安全和隐私保护的问题。高校需要确保预算数据不被未授权人员访问，同时还要满足数据保护法规的要求。例如，一些高校可能会面临跨国合作项目，涉及不同国家的数据保护法规，需要制定相应的隐私保护策略。

1. 数据安全的挑战

随着技术创新，高校财务预算管理的数字化和信息化程度不断提高，大量敏感财务数据被数字化存储和传输。然而，这也使得高校面临更严峻的数据安全挑战。黑客攻击、恶意软件和网络病毒等威胁可能导致预算数据被窃取或破坏，对高校的财务稳定性造成直接威胁。

（1）黑客攻击的威胁

黑客攻击可能导致高校财务预算数据被盗取、篡改或勒索。高校的财务数据包括预算分配、支出明细、经费流向等敏感信息，一旦被黑客窃取，可能会导致机密信息泄露，严重影响高校声誉和稳定运营。

（2）恶意软件和网络病毒的传播

恶意软件和网络病毒的传播可能对高校的数字化系统和数据库造成破坏。这些恶意程序可能通过电子邮件、下载附件或点击恶意链接等方式侵入高校的系统，从而导致数据丢失、系统崩溃或无法正常运行，进而影响到预算管理和其他关键业务。

2. 隐私保护的难题

随着财务预算管理中数据的数字化，高校需要充分考虑数据隐私保护的问题，不仅要确保敏感财务数据不被未授权人员获取，还需要防止数据在传输、处理和存储过程中被泄露。特别是涉及跨国合作项目时，不同国家和地区的数据保护法规和标准各异，高校需要制定统一的隐私保护策略，以确保跨境数据流动的合规性。

（1）敏感数据的保护

高校财务预算管理涉及大量敏感数据，如财务报表、薪资信息等，这些数据的泄露可能导致严重的后果。保护这些敏感数据需要采取有效的措施，如数据加密、访问权限控制、安全认证等，以确保只有授权人员能够访问和处理这些数据。然而，随着技术的不断发展，黑客攻击和数据窃取的方法也在不断进化，这对数据的安全性提出了更高的要求。

在跨国合作项目中，高校可能需要共享敏感数据，但不同国家和地区的数据保护法规和标准存在差异，这可能导致合规性问题。例如，欧洲的《通用数据保护条例》（GDPR）对个人数据的处理有严格的要求，而在其他地区可能有不同的规定。高校需要制定跨境数据流动的隐私保护策略，以确保数据在合作过程中得到适当的保护，同时满足各地的法规要求。

（2）数据处理的透明性和可控性

隐私保护不仅包括防止数据泄露，还需要保障数据主体的知情权和选择权。高校在收集、处理和存储数据时，需要提供清晰的隐私政策和信息披露，让数据主体了解他们的数据将如何被使用。此外，高校还应该为数据主体提供选择的权利，允许他们控制自己的个人数据如何被使用。

在财务预算管理中，有时可能需要收集大量数据以支持决策和分析。然而，过度收集数据可能增加数据泄露的风险。高校需要遵循数据最小化原则，只收集和使用必要的数据，以降低隐私泄露的可能性。此外，及时删除不再需要的数据也是保护隐私的重要措施。

（二）技术应用的风险管理

尽管技术创新为高校财务预算管理带来了便利，但技术应用也伴随着一定的风险。系统漏洞、数据泄露等技术风险可能对预算管理造成影响。例如，某高校的预算管理系统遭受网络攻击，导致部分预算数据外泄，进而影响了预算的合理性和保密性。高校需要建立健全的技术风险管理机制，定期进行系统安全检测和漏洞修复，以保障预算管理的稳定性和安全性。

1. 系统漏洞的威胁

尽管技术创新为高校财务预算管理带来了便利，但也带来了系统漏洞的风险。不完善的软件开发和缺乏安全性的测试可能导致系统容易受到攻击。例如，某高校的财务预算管理系统存在漏洞，黑客利用这些漏洞成功入侵系统，篡改了预算数据，从而严重影响了预算管理的准确性和可信度。

（1）软件开发不完善

系统漏洞通常与软件开发过程中的缺陷相关。不完善的软件开发流程、缺乏充分的安全考虑、代码质量低下等因素都可能导致系统中存在潜在漏洞。例如，程序员在编写代码时可能未充分考虑各种输入情况，从而导致了输入验证的问题。

a. 安全性测试不足

在技术创新过程中，对系统的安全性进行全面测试至关重要。然而，一些高校可能在软件开发后未进行足够的安全性测试，未能及时发现潜在的漏洞和问题。这为潜在攻击者提供了机会，可能导致系统被入侵。

b. 第三方组件的风险

高校在开发财务预算管理系统时可能使用了各种第三方组件和库，但这些组件可能存在已知或未知的漏洞。如果未及时更新这些组件，系统就容易受到已知攻击方式的威胁，从而影响预算管理的安全性。

（2）黑客入侵和数据篡改

系统漏洞可能为黑客入侵提供机会，使他们能够访问未授权的数据和功能。黑客可能利用系统漏洞进入高校的财务预算管理系统，篡改预算数据、调整资源分配等，从而对高校的财务管理造成严重损害。例如，黑客通过系统漏洞成功入侵系统，将某学科的预算数据减少，导致该学科资源紧张，影响了正常的教学和研究活动。

系统漏洞还可能导致敏感数据泄露，从而损害高校的声誉和信誉。如果系统中存在漏洞，黑客可能获取学生、教职员工等个人信息，从而侵犯隐私权。这种数据泄露不仅会对个人造成损害，也可能触发法律纠纷。

（3）稳定性受到威胁

系统漏洞可能影响系统的稳定性，甚至导致系统崩溃。一旦漏洞被攻击者利用，可能导致系统无法正常运行，从而影响预算管理的连续性和稳定性。

2. 数据泄露的危害

高校财务预算管理涉及大量敏感数据，一旦数据泄露，可能对高校造成不可估量的损失。内部人员的数据滥用、外部黑客的攻击，甚至是员工的失误操作都可能导致数据泄露。例如，某高校员工在未经授权的情况下共享了财务预算的敏感数据，导致数据泄露，引起舆论关注和信任危机。

（1）财务损失

数据泄露可能导致高校面临财务损失。泄露的财务信息可能被用于金融欺诈、虚假交易等活动，从而导致高校资金的流失。例如，黑客获得了高校的账户信息后，可能进行盗取资金的操作，导致高校预算的大量损失。

a. 法律责任

一旦数据泄露，高校可能会面临法律责任。根据数据保护方面的法规，高校有责任保护个人信息的安全，一旦数据泄露，高校可能会面临用户的诉讼和法律诉讼。例如，如果学生的个人信息被泄露，可能导致高校被起诉并赔偿。

b. 声誉和信任危机

数据泄露可能损害高校的声誉和信任度。公众和利益相关者可能会对高校的数据安全能力表示质疑，从而影响高校在教育领域的声誉。例如，学生和家长可能担心他们的个人信息不安全，导致对高校的信任下降。

（2）知识产权损失

高校财务预算管理，可能涉及科研成果和创新项目的数据。一旦这些数据泄露，可能会导致知识产权的损失。例如，研究数据被竞争对手获取后，可能导致科研成果的泄露和抄袭，从而损害高校的创新能力和竞争优势。

数据泄露可能导致个人隐私权被侵犯。学生、教职员工等个人的身份信息、通讯记录等可能被公开，从而影响个人的隐私权。这种侵犯可能对个人造成心理和精神的困扰。

（3）信息安全风险

数据泄露还可能导致高校的信息安全风险增加。黑客可能通过获取泄露的信息，进一步攻击高校的其他系统，造成更大范围的损害。例如，黑客利用泄露的账户信息进行网络攻击，导致高校整个网络系统遭受损害。

（三）技术培训与人才储备

新技术的应用需要相关人员具备相应的技术知识和能力。然而，不同高校的技术基础和人才储备存在差异，可能导致技术应用的不均衡。例如，一些高校可能面临技术人员短缺的问题，影响了新技术的应用和推广。高校需要加强技术培训，提升员工的技术素质，确保技术创新在预算管理中得到有效落实。

1. 不同高校的技术差异

不同高校在技术基础和人才储备方面存在差异，这可能导致技术应用的不均衡。一些高校可能拥有丰富的技术资源和高水平的技术团队，而另一些高校可能技术相对滞后。这会影响到新技术在财务预算管理中的应用和推广。

（1）技术资源和基础设施水平差异

不同高校的技术资源和基础设施水平存在显著差异。一些顶尖高校在技术资源方面投入巨大，拥有先进的实验室、设备和技术支持团队，能够迅速引进和应用最新的技术。然而，一些较为欠发达的高校可能因为资源匮乏而在技术更新上面临挑战，导致技术应用的滞后。

a. 高校的财务投入

高校财务预算管理的核心是有效地配置和管理有限的资源。资金的充足与否会直接影响到高校的技术更新和应用能力。一些财力雄厚的高校可以投入更多资金进行技术创新和升级，而一些预算有限的高校可能需要在技术投入方面做出权衡。

b. 对技术创新的投入

高校是否将技术创新视为优先事项，决定了其在技术领域的表现。一些高校在预算中明确将一部分用于技术研发和更新，促使其保持技术领先。而另一些高校可能更偏向于传统教学，预算相对较少投入到技术领域。

c. 人才培养与引进

技术应用的成功与否还与高校是否能够培养和吸引高水平的技术人才有关。一些高校拥有丰富的技术师资队伍，能够引领技术创新并培养学生的技术能力。但另一些高校可能因为师资力量的相对不足，导致技术应用的难度增加。

（2）研究重点和学科差异

不同高校在研究重点和学科发展方向上存在差异，这也影响了其技术应用的方向和深度。一些高校可能在特定领域取得了显著的研究成果，将技术应用于相关学科，并在这些领域内保持竞争优势。然而，其他高校可能在某些领域相对较弱，技术应用的广度和深度会受到限制。

a. 学科特点对技术需求的影响

不同学科的性质决定了其对技术的需求程度。一些学科对技术的依赖较大，例如工程技术、计算机科学等，高校在这些领域可能更加注重技术应用，但在一些基础学科如文学、哲学等，技术应用的需求可能相对较低。

b. 学科交叉与跨界创新

一些高校通过学科交叉与跨界合作，能够获得更多的技术启发和创新。这些高校可能在多个学科领域都有技术应用的优势，能够在不同领域实现技术的迁移和应用。

（3）地理和环境差异

地理位置和环境也会影响高校的技术应用。位于发达城市的高校可能更容易获得技术资源和合作机会，从而在技术应用方面更具优势。然而，偏远地区的高校可能面临技术资源获取的困难，限制了其技术应用的广度和深度。

高校所在地的特点也会影响其技术需求。例如，位于工业重镇的高校可能更需要与当地产业合作，将技术应用于工业生产。而位于科技创新中心的高校可能更注重基础研究和前沿技术的应用。

2. 技术培训的重要性

为了克服技术应用的不均衡，高校需要加强技术培训，提升员工的技术素质。定期举办技术培训课程，培养员工熟练使用财务预算管理系统，了解数据安全和隐私保护的基本知识，以及应对技术风险的能力。通过技术培训，高校可以提升整体技术水平，推动技术创新在财务预算管理中的广泛应用。

（1）弥补技术差异

技术培训可以帮助不同高校的员工弥补技术差异，提升其技术应用能力。通过培训，技术滞后的高校可以获取先进的技术知识和实践经验，从而缩小与技术领先高校的差距。

a. 拓展技术知识和技能

技术培训不仅有助于提高员工的技术素养，还能够拓展其技术知识和技能。培训课程可以涵盖财务预算管理系统的使用技巧、数据分析方法、信息安全等内容，使员工能够更好地应对实际工作中的技术挑战。

b. 关注最新技术趋势

技术培训应当紧密关注最新的技术趋势和发展动态，确保员工能够掌握前沿的技术应用。由于技术日新月异，高校需要确保培训内容与时俱进，避免培训内容过时而失去实际应用价值。

（2）提升技术创新能力

技术培训可以激发员工的技术创新能力，促使他们在实际工作中探索新的技术应用方式。员工经过培训后，可能会更加主动地尝试将新技术应用到预算管理中，从而提升整体预算管理水平。

技术培训的过程往往强调解决问题的方法和思路。通过培训，员工能够培养分析问题、提出解决方案的能力，从而在财务预算管理中遇到技术难题时能够迅速找到合适的解决方法。

（3）促进跨部门合作

技术培训通常涉及多个部门和领域的员工，这有助于促进跨部门的合作与交流。高校不同部门之间的技术应用经验可以在培训中进行分享，从而实现资源共享和经验借鉴，进一步推动技术应用的广泛传播。

在技术培训过程中，员工往往需要协同完成任务或解决问题。这种合作有助于培养团队合作的意识，提高员工的协作能力，从而更好地应对复杂的财务预算管理挑战。

二、灵活性与稳定性的平衡难题

（一）灵活预算与长期规划之间的冲突

高校财务预算管理需要在灵活性和长期规划之间寻求平衡。灵活预算可以应对外部环境的快速变化，但可能导致长期规划的不稳定性。例如，某高校根据市场需求迅速调整了某个学科的预算，却忽略了该学科的长远发展规划，导致了资源分配的不均衡。高校需要制定明确的预算调整原则，确保灵活性和长期规划的统一性。

1. 资源分配的不均衡

当高校在应对市场需求的压力下迅速调整预算时，可能会将更多资源投入到当前受欢迎的领域，而忽视了一些长远发展的项目或学科。例如，某高校可能在某个年度将大量预算用于满足热门学科的需求，但忽略了一些未来可能具有重要影响的新兴学科。这种资源分配的不均衡可能会导致高校长期发展的缺失，影响其综合竞争力。

（1）不均衡资源分配的背景与原因

在新时代高校财务预算管理中，不均衡的资源分配是一个较为严重的问题。高校可能受到多种因素的影响，导致资源在不同学科或项目之间分配不均。这种现象的背后存在一系列原因和挑战：

a. 市场需求与短期压力

高校可能因为市场需求的变化而在某些学科或项目上投入更多资源，特别是那些当前受欢迎、能够迅速产生回报的学科，往往会吸引更多的预算投入。例如，当某个领域突然受到市场热捧，高校可能会迅速调整预算以满足该领域的需求，而忽略了其他潜在有长远发展潜力的学科。

b. 绩效评价体系的影响

某些高校可能会基于绩效评价体系来决定资源的分配。如果学科的绩效评价与预算挂钩，那么高产的学科可能会获得更多的资源，而一些尚未成熟或刚刚起步的学科则可能因此而受到忽视。这可能导致学科之间的不均衡，长期发展的潜力受限。

c. 缺乏长期规划

一些高校可能缺乏明确的长期规划，这导致其预算分配主要基于眼前的需求和情况。在缺乏长期规划的情况下，高校更容易受到市场波动和短期压力的影响，可能将预算过于集中在某些热门学科上，而忽视了其他潜在有前景的领域。

（2）不均衡的资源分配的影响与后果

不均衡的资源分配可能导致一系列负面影响和后果，对高校的整体发展产生影响：

a. 学科结构失衡

过度集中预算投入在少数热门学科上，可能导致高校的学科结构失衡。这可能使得一些新兴学科得不到足够的支持，影响高校在不同领域的研究和教学水平。

b. 创新能力受限

一些新兴学科或创新项目可能因为预算的不足而无法得到支持，限制了高校的创新能力。这可能导致高校在前沿科研和技术创新方面的竞争力下降。

c. 长期发展受限

长期发展需要稳定的资源投入和持续的支持。如果高校过于关注眼前的市场需求，而忽略了一些可能需要较长时间才能见到成果的项目，可能会影响到高校的长期发展战略。

2. 规划的缺失与目标不清

过度追求灵活性可能导致高校缺乏长期规划和明确的发展目标。如果高校在财务预算管理中只关注眼前的市场需求，而忽略了对未来几年甚至十几年的规划，可能会导致高校发展战略的缺失。长期规划需要考虑到学科的发展趋势、人才培养和科研投入等方面，而灵活预算可能导致高校陷入短期行为的怪圈，无法有效地实施长期规划。

（1）长期规划的影响

长期规划对于高校的发展具有重要的指导作用。它能够帮助高校明确未来的发展方向，合理分配资源，制定切实可行的目标，并为决策提供依据。例如，一所高校通过长期规划明确了自己未来十年发展成为综合性研究型大学的目标，从而在预算分配、教学改革和科研布局等方面有针对性地进行规划和调整。

（2）长期规划的挑战

然而，制定和实施长期规划也面临一些挑战。高校在不断变化的外部环境下，难以预测未来的发展趋势，这可能导致长期规划的不准确性。同时，长期规划需要考虑多个因素，包括学科发展、人才培养、科研投入等，需要充分的数据支持和深入地分析，而这也可能是一个复杂和耗时的过程。

3. 资源浪费与效率下降

灵活预算虽然可以迅速调整资源分配，但如果没有明确的长期规划和目标，可能导致资源的浪费和效率下降。高校可能会因为频繁的预算调整而导致资源的重复投入或不合理使用，从而影响到资源的有效利用。同时，缺乏长期规划可能使高校错失一些资源整合和优化的机会，降低了整体效益。

（1）频繁预算调整导致资源浪费

灵活预算常常伴随着频繁的资源调整，以适应外部环境的变化。然而，如果这种调整缺乏明确的长期规划和目标，就可能导致资源的浪费。例如，某高校在连续几年内根据市场需求调整预算，但由于其缺乏整体战略，可能导致一些资源在多次调整中得不到充分利用，从而造成资源的浪费。

（2）资源重复投入与低效使用

缺乏明确的长期规划可能导致资源的重复投入和低效使用。高校可能因为短期需要不断增加某项资源的投入，但随着环境变化，这些资源可能不再适用，却因为缺乏整体规划而难以进行及时调整。这种情况下，原本应该在其他有潜力的领域进行投入的资源，却被浪费在不再需要的项目上。

（3）错失资源整合与优化机会

缺乏长期规划可能使高校错失一些资源整合和优化的机会，从而降低整体效益。长期规划通常包括对各个领域的需求和资源分配进行全面分析，从而确定最优的资源配置方案。然而，如果高校只注重眼前的市场需求，可能无法充分发挥资源整合和优化的潜力。

（4）效率下降对高校综合竞争力的影响

资源浪费和效率下降可能对高校的综合竞争力产生负面影响。在资源有限的情况下，如果高校因为缺乏长期规划而导致资源浪费，就可能使其在教学、科研等方面的表现受到限制。这可能导致高校的声誉下降，影响到学生招生、科研合作等方面，进而影响到高校的综合竞争力。

（5）案例分析：资源浪费与效率下降的后果

某高校长期缺乏明确的长期规划，过度追求灵活性。在短短几年内，该高校多次调整预算，将大量资源投入到当时热门的学科，以迎合市场需求。然而，由于缺乏对未来趋势的全面分析，这些投入的学科在短时间内迅速兴起，但却在不久后因市场饱和而逐渐式微。与此同时，一些长远发展的学科因为缺乏预算支持，未能得到有效培养和发展，错失了成长的机会。

由于频繁的预算调整，学校的部分资源在不同调整中被重复投入，造成了资源的浪费。一些曾经受到大量关注和投入的项目，随着市场的变化逐渐减少了资源支持，导致已投入的资源无法得到充分利用，产生了效率下降的现象。同时，高校缺乏对整体资源的规划和整合，导致一些资源分散使用，而未能发挥出最大的综合效益。

这些问题最终导致了该高校的综合竞争力下降。在短期内虽然取得了一些成绩，但由于缺乏长远规划，高校的学科结构失衡，教学与科研的整体效率下降，高校在国内外的声誉逐渐减弱，影响了其在招生、科研合作等方面的发展。

（二）资源配置的公平与效率之间的矛盾

高校财务预算管理涉及资源的合理分配，需要在公平性和效率性之间找到平衡点。资源的公平分配可能导致资源利用的低效，而过于追求效率可能导致资源的不均衡分配。例如，某高校为了提高教学效率，将大部分预算投入到少数高产教师身上，却忽略了其他教师的培养和发展。高校需要建立公平的资源分配机制，同时兼顾资源的高效利用。

1. 公平分配的挑战

高校财务预算管理需要确保资源公平分配，避免资源向少数人集中。然而，追求资源的绝对公平可能导致资源利用的低效。例如，某高校在资源分配中坚持绝对平等，每个教师都分配相同的预算，却忽略了不同教师的教学和研究贡献差异。

（1）公平分配的重要性与复杂性

在高校财务预算管理中，公平分配资源是一个重要的目标。公平分配旨在确保资源合理分配，避免资源向少数人或领域集中，从而促进学校的整体发展。然而，实现资源的绝对公平分配并不容易，因为资源的合理配置需要考虑多种因素和复杂性。

a. 公平分配的影响

公平分配资源对于高校的可持续发展具有积极影响。资源公平分配，教学、科研、人才培养等方面都能够得到充分的支持，从而提升整体水平。公平的资源分配也有助于提高教师的积极性和参与度，激发更多的创新和活力。

b. 公平分配的复杂性

高校是一个复杂的组织，涉及多个学科、项目、人员等。资源分配需要考虑不同学科和项目的特点，教师的工作量和贡献，以及整体的发展战略。因此，公平分配往往需要综合考虑多个因素，难以用简单的标准衡量。

（2）绝对公平与资源利用效率的冲突

在追求资源公平分配时，可能会面临绝对公平与资源利用效率之间的冲突。例如，某高校为了实现绝对的资源公平，决定每个教师都分配相同的预算，无论其教学和研究贡献的差异。然而，这种做法可能导致资源的低效利用。

a. 资源的个体差异

不同教师之间存在着差异，包括教学水平、科研能力、贡献度等。将资源完全平均分配可能会导致一些优秀的教师得不到应有的资源支持，从而影响到其发展和创新能力的释放。相反，一些贡献较少的教师可能得到超出其贡献的资源，这会造成资源的浪费。

b. 资源的不同需求

不同学科和项目对资源的需求也存在差异。一些学科或项目可能需要更多的经费用于实验室设备、科研经费等，而另一些学科可能更侧重于人员培养和教学改进。完全平均分配资源可能无法满足不同领域的需求，从而影响到学科的发展。

c. 资源的机会成本

将资源过于集中分配或者完全平均分配都可能导致资源的机会成本增加。过度集中资源可能使得某些领域得到了充足的支持，但其他领域却因此而受限。而完全平均分配可能会使得高价值领域的资源被低价值领域消耗，从而减少了高价值领域的发展潜力。

（3）案例分析：资源公平分配与效率问题

某高校为追求资源的绝对公平，决定将教师的预算完全平均分配。然而，这导致了一系列问题。一些教师在教学和科研方面具有杰出的贡献，他们的课程受到学生的欢迎，科研成果卓越，但由于资源的平均分配，他们无法获得更多的支持，影响到他们的创新活动。

而一些教师可能并没有表现出色，他们的课程评价较低，科研成果有限。然而，由于资源的绝对平均分配，这些教师仍然获得了与其他教师相同的预算，造成了资源的浪费和低效利用。同时，一些学科对于实验室设备和科研经费有较大的需求，但由于平均分配的做法，这些学科难以得到足够的支持，影响了其发展。

最终，这所高校虽然实现了资源的绝对公平分配，但却因此而导致了资源的浪费、不合理分配及一些优秀教师和学科的受限。绝对的公平未能兼顾资源的有效利用和学校整体的发展需要。

2. 效率利用的追求

高校也需要确保资源高效利用，以取得更好的教育和研究成果。资源的过分集中可能导致效率的损失。例如，某高校将大部分预算用于购置先进设备，却缺乏对教学和研究的充分支持，影响了整体教育质量。

（1）灵活的资源分配策略

高校可以采取灵活的资源分配策略，根据不同学科和项目的需求进行调整。这意味着资源分配不是固定的，而是根据实际情况进行灵活调整。一些学科可能需要更多的实验室设备和科研经费，而另一些学科可能更需要人才培养和教育改革的支持。通过灵活的资源分配，高校可以更好地满足各个领域的需求，提高整体效益。

（2）效率与质量的平衡

高校需要在效率和质量之间寻求平衡。资源的高效利用并不意味着牺牲教育和研究的质量。例如，某高校虽然购置了大量的先进设备，但由于缺乏对教学和研究的充分支持，导致教育质量下降。因此，高校应该在资源分配中综合考虑教学和研究的需求，确保资源的高效利用与质量的提升相互促进。

（3）案例分析：资源集中与效率损失问题

某高校在追求先进设备和科研实力的提升时，将大部分预算用于购置先进设备，而忽略了对教学和研究的充分支持。虽然这些先进设备在短期内提升了高校的科研水平，但由于缺乏对教学的支持，教学质量逐渐下降，学生的学习体验受到影响。

高校的一些学科和项目因为缺乏资源支持，无法充分开展教学和研究活动，导致了效率的损失。这些学科可能因为资源不足而无法招聘优秀的师资，无法提供必要的实验设备，影响到教学和科研的效果。与此同时，其他学科虽然获得了大量的资源，但由于过分集中，可能导致资源的浪费，其无法充分利用这些资源。

这种情况下，高校取得了一些科研成果，却因教学质量下降和资源的不合理分配而受到质疑。高校的声誉逐渐下降，影响了其整体的综合竞争力。因此，资源的过分集中导致了效率的损失，影响了高校的可持续发展。

（三）预算的稳定性与外部压力

高校财务预算管理面临着政策、市场等外部因素的影响，这可能导致预算的不稳定性。政策变化、经济波动等因素可能使高校预算难以长期稳定规划。例如，政府减少对高校的资金支持，高校需要迅速调整预算以适应新的财务状况。高校需要建立灵活的预算调整机制，以应对外部压力带来的影响。

1. 外部环境的不确定性

外部环境的政策变化、经济波动等因素可能导致高校财务预算管理面临不稳定性。高校的预算规划需要充分考虑外部因素的影响。例如，政府资助政策的变化可能导致高校预算收入的波动，影响高校的财务稳定性和规划。

（1）外部环境的不确定性对高校财务预算管理的影响

外部环境的不确定性是高校财务预算管理中一个重要的挑战。政策变化、经济波动、社会需求等因素都可能对高校的预算规划和管理产生影响，从而导致预算的不稳定性。

a. 政策变化的影响

政府资助政策的变化是外部环境不确定性的一个重要来源。政府可能会根据经济形势、社会需求等因素对高校的资助政策进行调整，从而影响高校的预算收入。例如，政府可能会在某个时期增加高校的资助，而在另一个时期减少资助，这可能导致高校的预算收入出现波动，影响到预算的稳定性和长期规划。

b. 经济波动的影响

经济波动也可能对高校的财务预算管理产生影响。在经济下行时期，政府的财政收入可能减少，从而影响到高校的资助水平。同时，家庭收入下降可能影响学生的学费支付能力，进而影响高校的学费收入。这些因素可能导致高校预算收入的不稳定性，增加了财务预算管理的难度。

c. 社会需求的变化

社会需求的变化也可能影响高校的财务预算管理。社会的发展和变化，对不同学科、领域的需求也可能发生变化。高校可能需要调整自己的教学和研究方向，以适应社会的需求变化。这可能导致某些领域的预算需求增加，而另一些领域的预算需求减少，从而影响到预算的分配和管理。

（2）外部环境不确定性的挑战

外部环境的不确定性给高校财务预算管理带来了一些挑战：

a. 预算稳定性的缺失

外部环境的不确定性可能导致高校的预算收入出现波动，使得预算的稳定性受到影响。预算的不稳定性可能使高校难以进行长期规划，影响到学校的可持续发展。

b. 预算分配的困难

外部环境的不确定性使得高校在预算分配时难以确定合适的比例和方向。政策的变化和经济的波动可能导致不同领域的预算需求发生变化，高校需要在不稳定的环境下进行预算分配，这增加了管理的难度。

c. 资源的不足与过剩

外部环境的不确定性可能导致高校在某些时期面临资源的不足，而在另一些时期可能出现资源的过剩。政策的变化和经济的波动可能使得高校难以准确预测资源的需求，从而导致资源的不合理配置。

（3）案例分析：政策变化与预算波动问题

某高校长期依赖政府的资助来支持教学和科研活动。然而，随着政府的政策变化，高校的预算收入出现了波动。在某个时期，政府增加了对高校的资助，使得高校的预算收入大幅增加。然而，在另一个时期，政府减少了对高校的资助，导致高校的预算收入急剧下降。

这种情况下，高校面临着预算稳定性的缺失。在资助增加的时期，高校可能加大了投入，拓展了教学和研究活动，但在资助减少的时期，高校可能不得不削减支出，影响了教学和研究的持续性和稳定性。这种不确定性可能使高校难以做出长远的规划，影响了高校的发展战略。

同时，这种政策变化也对高校的资源分配带来了挑战。在资助增加的时期，高校可能过于集中资源用于某些项目和领域，忽视了其他领域的需求。而在资助减少的时期，高校可能不得不急剧削减部分项目的预算，可能导致资源的不合理配置和分配不均。

这种不确定性还可能使高校陷入资源的紧缺与过剩的循环。在资助增加的时期，高校可能因为预算增加而投入更多资源，但一旦资助减少，高校可能因为过度依赖外部资助而面临资源不足的问题。随着政策变化，高校可能难以准确预测未来的资源需求，从而导致资源的不合理配置。

2. 灵活的预算调整机制

高校需要建立灵活的预算调整机制，以适应外部压力带来的影响。这包括制定应对政策变化和经济波动的预案，确保预算可以及时调整以适应新的财务状况。例如，某高校在预算管理中设立了灵活的预算调整机制，当政府减少资助时，可以通过削减部分非必要支出来弥补预算缺口。

（1）预案制定与实施

高校应该制定应对不同情况的预案，明确在不同的外部环境变化下如何进行预算调整。这些预案应该具体明确，涵盖政策变化、经济波动等多种情景。预案不仅仅是纸上谈兵，更需要在实际情况中得到有效执行。

（2）快速决策与调整

在外部环境发生变化时，高校需要能够迅速作出决策并调整预算。这需要高校建立起快速决策的机制，使得预算调整能够在合理的时间内实施。同时，决策的过程应该充分考虑各种因素，确保预算调整的合理性。

（3）资源优先级的确定

在预算调整时，高校需要明确资源的优先级。哪些项目、领域需要得到更多的支持，哪些项目、领域可以适当削减支出，都需要在调整机制中进行明确。这需要综合考虑学校的发展战略、学科特点等因素。

（4）案例分析：灵活的预算调整机制的实施

某高校在面对外部环境的不确定性时，意识到建立灵活的预算调整机制的重要性，于是采取了一系列措施来应对这一挑战。

首先，高校制定了多种预案，针对不同的外部情境制定了不同的应对策略。例如，在政府资助减少的情况下，高校可以通过削减部分非必要支出、提高自筹资金数额、优化资源配置等方式来弥补预算缺口。而在政策变化带来新的资金来源时，高校可以制订相应的开发和利用计划，确保新资金的有效利用。

其次，高校建立了一个快速决策和调整机制。高校设立了预算调整委员会，由财务部门、教学部门、研究部门等共同参与，确保决策的全面性和合理性。当外部环境发生变化时，委员会可以快速召开会议，做出相应决策，并及时将调整方案落实到实际操作中。

另外，高校明确了资源的优先级。根据学校的发展战略和学科特点，明确了哪些领域和项目是优先支持的。在预算调整时，高校优先保障这些领域的资源分配，确保高校的核心发展方向不受影响。

通过这些措施，该高校成功建立了灵活的预算调整机制。在面对政策变化、经济波动等外部环境变化时，高校能够快速做出反应，保持了财务的稳定性和可持续性，实现了预算管理的灵活性与合理性的平衡。这为其他高校在类似情况下提供了有益的经验借鉴。

3. 多元化的收入来源

为了增强财务稳定性，高校可以探索多元化的收入来源。除了政府资助，高校还可以通过科研合作、产业合作、校企合作等方式获得额外的收入。例如，某高校与企业合作开展技术转移和创新研究，通过技术转让和专利授权获得了额外的财务支持，减轻了财务压力。

（1）科研合作与技术转移

高校作为知识的创造者和创新的推动者，在科研合作和技术转移方面具有巨大的潜力。通过与企业、政府机构等合作，高校可以将自身的科研成果转化为实际应用，为社会创造价值并获得相应的经济回报。例如，某高校与一家医药企业合作，将其生物医药研究成果转化为药物生产，从而获得了技术转让和专利授权所带来的财务支持。

（2）产业合作与创新创业

高校可以积极参与产业合作，促进学校的科研成果与产业的深度融合。通过与产业界合作开展创新项目，高校不仅可以获得项目合作费用，还可以在合作中培养学生的实际技能和创业能力。例如，某高校与一家新能源公司合作，共同开发了一种新型太阳能电池板，为高校带来了丰富的合作经费和创新收益。

（3）校企合作与资源共享

校企合作是高校获取多元化收入的另一种途径。高校可以与企业建立紧密的合作关系，共享资源和优势，从而获得额外的财务支持。例如，某高校与一家大型 IT 公司合作，共同建立了研发中心，高校不仅获得了项目合作的经费，还能够利用企业的实际应用场景推动研究成果的落地。

（4）风险与挑战

尽管多元化的收入来源有诸多优势，但也面临着一些风险和挑战。首先，与企业合作可能涉及利益冲突和知识产权问题，高校需要建立合理的合作机制和法律保障措施。其次，多元化收入来源需要高校具备相关的管理和商业能力，否则可能导致资源的浪费和不合理使用。此外，不同收入来源的不稳定性也需要高校建立灵活的预算调整机制，以应对可能的波动。

（5）案例分析：科研合作与产业合作的成功实践

某大学意识到多元化收入来源的重要性，积极推动科研合作和产业合作，取得了显著的成效。

首先，在科研合作方面，该大学与多家企业建立了深度合作关系，共同开展前沿科研项目。通过技术转让、专利授权等方式，大学获得了丰富的技术转移收入。与此同时，学校还在合作中培养了大量具有实际应用能力的高质量教师和研究人员，为产业界输送了一批优秀人才，实现了产学研深度融合。

其次，在产业合作方面，该大学与多个企业合作开展创新项目，共同探索新技术和新产品。通过项目合作费用及成功项目带来的利润分成，大学获得了稳定的财务收入。同时，合作项目也为学生提供了实际的实践机会，培养了学生创新创业意识。

然而，该大学也面临一些挑战。在科研合作中，知识产权的保护和分配问题需要仔细协商和规划，以确保双方的权益得到充分保障。在产业合作中，风险管理和项目评估成为关键，避免投入过多资源而获得有限回报。

新时代高校财务预算管理面临着技术创新带来的安全、风险和人才培养问题，以及灵活性和稳定性的平衡难题。高校需要通过建立健全的风险管理机制、加强技术培训、明确预算调整原则等方式，有效应对这些挑战，保障财务预算管理的稳定性和可持续性。

第五章　新时代高校财务全面预算管理的构建

第一节　新时代高校财务全面预算编制

一、考虑多因素的高校财务预算编制策略

（一）综合性因素的考虑

在新时代，高校财务预算编制需要考虑多元因素，包括内外部环境、市场需求、政策变化等。高校不能仅仅依赖往年的数据，而是需要将更多的外部因素纳入考虑，从而制订更为准确和全面的预算计划。例如，高校需要考虑政府资助政策的变化、行业竞争状况及社会需求的变化等因素，以便在高校财务预算编制中能够更好地适应变化。

1. 内外部环境的分析与评估

在新时代高校财务预算编制过程中，综合性因素的考虑至关重要。高校不仅需要关注内部的财务状况和资源分配情况，还需要深入分析外部环境的变化。这包括政策法规的变化、经济形势的波动、社会需求的演变等因素。通过充分了解这些因素，高校可以更准确地预测未来的财务需求，从而制订更具针对性的财务预算计划。

（1）政策变化的影响

政府的资助政策、税收政策等都会对高校的财务状况产生直接影响。新时代政策变化频繁，高校需要密切关注各项政策的调整，及时了解政策的变化趋势及其对财务预算的影响。例如，政府可能对某些领域的资助力度减少，或者对科研成果转化给予更多支持，这些都会对高校的财务预算编制产生影响。

（2）经济形势的波动

经济形势的波动会影响高校的财务收入和支出。经济增长周期和衰退周期都会对高校的拨款、捐赠等收入产生影响。在经济增长时期，高校可能会有更多的捐赠和投资，但也可能伴随着通货膨胀和成本上升。在经济衰退时期，政府的拨款和捐赠可能会减少，高校需要有应对策略。

2. 市场需求的分析与预测

高校财务预算编制还需要考虑市场需求的变化。随着社会经济的发展，人才市场的需求也在不断变化。高校需要根据行业趋势和用人需求，调整相应专业领域的资源配置，确保培养的人才与社会需求相匹配。不同学科领域的竞争也会影响高校的财务预算编制。一些热门领域可能吸引更多的生源和资源投入，但同时也面临更多的竞争。高校需要根据各个学科的发展潜力和市场需求，进行合理的资源配置和预算安排，以实现更好的发展。

（1）社会经济发展与人才需求

在新时代，社会经济的发展与演变对高校财务预算编制产生了深远影响。不同阶段的经济

发展可能引发不同领域的人才需求变化。高校需要密切关注社会经济发展趋势，分析未来人才市场的需求变化，从而调整资源分配和预算计划。例如，随着科技创新和数字化转型的加速，信息技术、人工智能等领域的人才需求可能持续增长，高校可以在这些领域加大资源投入，提供相关专业的培训和教育。

高校财务预算编制需要基于对行业趋势的深入分析和预测。不同行业在技术、产业结构和市场需求等方面都存在变化，这将直接影响到相关专业领域的人才需求。高校可以借助行业研究和市场调研，了解不同行业的发展动向，从而调整相关专业的资源配置和预算计划。例如，清洁能源、生物医药等领域可能在未来具有巨大的发展潜力，高校可以针对性地增加相关学科的预算，以满足市场需求。

（2）学科竞争与资源配置

不同学科领域的竞争也是高校财务预算编制中需要考虑的重要因素。一些热门学科可能吸引更多的生源和资源投入，但同时也会面临激烈的竞争。高校需要根据学科的发展潜力和市场需求，进行合理的资源配置和预算安排，以实现更好的发展。例如，人工智能、大数据等领域目前正处于高速发展阶段，高校可以加大这些领域的投入，提供相关专业的优质教育和培训。

高校财务预算编制时，应当充分考虑本校在不同学科领域的优势。通过挖掘和发挥学科优势，高校可以更好地满足市场需求，提升人才培养质量。例如，某高校在工程技术领域具有较强的实力，可以适当增加工程技术类专业的资源投入，以培养更多优秀的工程技术人才。

（3）跨学科融合与创新培养

市场需求的变化不仅仅影响单一学科领域，还促使高校在人才培养中进行跨学科融合。新时代要求人才具备跨学科的综合素质和能力，高校需要在财务预算编制中为跨学科融合提供支持。例如，高校可以拨款用于开设跨学科课程，鼓励学生从多个学科领域获取知识，培养其创新思维和解决问题的能力。

为适应市场需求的多元化，高校财务预算编制可以考虑支持创新的教育模式。例如，引入项目式教学、实践性课程等，培养学生实际应用能力。这些新颖的教育模式可能需要更多的资源投入，如技术设备、实验室建设等。

在新时代，高校财务预算编制需要充分考虑市场需求的变化。通过分析行业趋势、学科竞争和跨学科融合，高校可以更准确地调整资源分配和预算计划，以满足社会的人才需求，促进高校的可持续发展。

3. 社会需求的变化与适应

随着社会的不断发展，人们对高校的期望和需求也在发生变化。高校作为社会的重要组成部分，需要关注社会的变化和需求，调整自身的发展方向和资源分配。例如，社会可能对某些新兴学科或领域的需求逐渐增加，高校需要及时调整预算计划，提供相应的培训和教育。高校不仅是知识的传承者，还承担着社会责任。随着社会问题的复杂化，高校可能需要在预算编制中增加一些社会责任项目的支出，以推动社会的可持续发展和解决社会问题。

（1）高校角色的演变与社会需求

随着社会的不断发展，高校的角色也在发生变化。除了传统的教育和研究功能，高校还承担着培养创新人才、服务社会和推动可持续发展等多重使命。这些使命的变化直接关联着社会的需求。高校在财务预算编制中需要全面考虑这些使命，确保资源合理分配以满足社会的不断变化的需求。

社会对创新人才的需求逐渐增加，高校需要在财务预算编制中加大对创新人才培养的投入。例如，支持创新创业教育、开设创新人才培养项目等，以培养具有创新精神和实践能力的人才，满足社会创新发展的需要。

（2）社会问题的应对与资源投入

随着社会问题的不断复杂化，高校作为智力和知识的中心，承担着解决社会问题的责任。在财务预算编制中，高校可以增加一些社会责任项目的支出，以推动社会的可持续发展和问题解决。例如，开展社会公益活动、推动环保和可持续发展研究等，为社会问题提供创新解决方案。

高校可以将一部分预算用于社会问题研究，支持相关学科的发展和人才培养。例如，针对环境污染、社会不平等问题，高校可以投入资源开展相关研究，为社会问题的解决提供学术支持。

（3）跨学科合作与综合能力培养

随着社会问题的复杂性增加，单一学科往往难以解决复杂的问题。因此，高校需要在财务预算编制中鼓励跨学科合作，培养学生的综合能力，使学生能更好地适应社会的需求。

高校可以投入预算开设跨学科课程，引导学生跨足不同学科领域，培养综合能力。这些课程可能涵盖科技、人文、社会等多个领域，能帮助学生更好地理解和应对复杂的社会问题。

在新时代，高校财务预算编制不再是简单的数字游戏，更需要全面考虑多元因素的影响。通过深入分析内外部环境、预测市场需求和适应社会变化，高校可以更准确地制订财务预算计划，实现财务预算管理的有效和可持续发展。

（二）风险管理的考虑

新时代的高校财务预算编制需要更加注重风险管理。高校需要识别和评估各种风险，包括财务风险、市场风险、政策风险等，并在预算中为这些风险进行充分的准备和制定应对方案。例如，高校可以建立风险预警机制，及时应对可能影响财务预算实施的各种风险。

1. 风险管理的考虑因素

（1）财务风险

财务风险是高校财务预算编制中需要重点关注的一个因素。高校的财务状况可能受到经济波动、资金来源的不稳定等影响，可能导致预算执行出现偏差。因此，高校在财务预算编制时需要考虑到财务风险，制定应对方案，确保预算的合理性和稳定性。

（2）市场风险

市场风险涉及高校在教育、科研和其他领域的活动中可能面临的外部环境变化。例如，招生规模的不确定性、科研项目的变化等都可能对预算的执行产生影响。在财务预算编制过程中，高校需要充分考虑市场风险，制定灵活的预算方案，以适应不断变化的市场需求。

（3）政策风险

政策风险是高校财务预算编制中的另一个重要因素。政府政策的变化可能对高校的财务状况和经费来源产生影响，从而影响预算的执行。高校需要密切关注政策变化，及时调整预算计划，以减少政策风险对预算的影响。

2. 风险管理的应对策略

（1）风险识别与评估

在财务预算编制之前，高校需要对各种风险进行全面识别和评估。这包括对财务、市场、政策等方面的风险进行分析，了解其可能的影响程度和概率。通过科学的风险评估，高校可以有针对性地制定风险应对策略。

（2）制定风险应对方案

针对不同类型的风险，高校需要制定相应的应对方案。例如，对于财务风险，可以建立预算执行的监控机制，及时调整预算计划；对于市场风险，可以灵活调整预算分配，以适应市场需求的变化；对于政策风险，可以建立政策跟踪和应对机制，确保预算的合规性。

（3）强化风险沟通与协调

风险管理需要全校范围内的协调合作。高校各部门之间需要加强信息共享，及时沟通风险情况和应对策略。财务部门、教务部门、科研部门等应该密切合作，共同应对可能影响预算执行的各种风险。

（4）定期风险监测和调整

风险管理不是一次性的工作，而是需要定期进行监测和调整。高校应该建立定期的风险监测机制，及时跟踪风险的变化情况，并根据实际情况调整风险应对策略，以保障预算的顺利执行。

（三）案例分析

以某高校为例，该校在新时代面临市场竞争激烈、政策变化频繁的情况下，采用了综合性因素的财务预算编制策略。除了考虑往年数据，该校还通过市场调研和政策分析等手段，预测未来一段时间内可能出现的变化，并制定了相应的预算调整方案。同时，该校还设立了预算风险管理小组，定期评估各种风险，并采取措施应对，确保预算实施的稳定性。

1. 案例背景

某高校作为一所在新时代面临市场竞争激烈、政策变化频繁的高校，为了应对不断变化的外部环境，采用了综合性因素的财务预算编制策略，旨在提高预算的灵活性、准确性和适应性，确保财务资源的有效配置和高校各项事务的正常开展。

2. 综合性因素的财务预算编制策略

（1）数据分析与往年经验

该高校首先通过对往年预算执行情况的分析，了解各项支出的趋势和特点。通过数据挖掘和分析，他们可以更好地把握预算执行的规律，从而为新一年的财务预算编制提供参考。同时，过去的经验也为他们提供了应对各类风险的基础。

（2）市场调研与需求预测

在财务预算编制过程中，该高校注重市场调研，了解教育市场的动态和变化。通过与潜在生源的沟通和对竞争对手的分析，他们能够更准确地预测未来一段时间内的招生情况和教学需求。这使得他们能够在预算中合理分配教学资源，提高教学质量。

（3）政策分析与合规预警

政策的变化可能对高校的财务预算产生重大影响，因此该校设立了专门的政策分析团队，密切关注教育政策的变化。他们对政策文件进行详细研究，分析政策的影响，为财务预算编制提供合规性建议。同时，该团队还负责预警可能出现的政策风险，以便高校及时应对。

3. 预算风险管理的实践

（1）风险识别与评估

为了应对多变的风险，该校设立了预算风险管理小组，由财务、教务、科研等相关部门的代表组成。他们定期进行风险识别和评估，分析可能的影响和概率，制定相应的应对策略。

（2）应对方案的制定

一旦发现潜在风险，该校立即制定相应的应对方案。例如，在面临招生不确定性的情况下，他们制定了多个招生方案，以应对不同招生规模下的情况。在政策变化时，他们及时调整预算计划，确保符合政策要求。

（3）定期监测和调整

该校强调风险管理的持续性。他们每季度对预算执行情况进行全面评估，与预算风险管理小组共同分析风险的变化。如果发现风险情况有变化，他们及时调整预算方案，以确保预算的合理性和稳定性。

4. 案例总结与启示

该高校综合性因素的财务预算编制策略充分考虑了往年数据、市场需求和政策变化等多方面因素，使预算更具有灵活性和适应性。通过风险管理实践，他们能够及时识别、评估和应对各种风险，确保预算的执行和高校的稳定运营。这一案例告诉我们，在新时代高校财务预算编制中，需要采用综合性因素的财务预算编制策略，不仅关注财务数据，还需要考虑市场、政策等多方面因素，以应对多变的外部环境。同时，风险管理应成为财务预算编制的重要环节，确保预算的合理性和稳定性，促进高校的可持续发展。

二、数据驱动与情景分析在高校财务预算管理中的应用

（一）数据驱动在高校财务预算编制中的应用

数据驱动在高校财务预算编制中具有重要的应用价值。随着信息技术的发展和数据的广泛获取，高校能够更加科学地利用数据来指导预算的制定和执行，从而提高预算的精确性、适应性和效益性。

1. 数据驱动的决策支持

数据在高校财务预算编制中的应用，不仅仅是收集和整理财务数据，更重要的是利用这些数据为决策提供支持。高校可以通过收集历史财务数据、学生招生情况、教学科研成果等多方面的信息，进行深入分析，以便更好地了解高校的财务状况和趋势。这为决策者提供了一个基于事实和数据的准确全面的认知，帮助他们制定更为科学和合理的财务预算策略。

例如，高校可以通过对往年的财务数据进行分析，预测未来的经费需求。基于历史数据和趋势，可以更准确地估计各项支出和收入，从而更合理地分配预算资源。数据驱动的决策支持

使高校能够避免过度依赖主观判断，更加客观地制订财务预算计划，提高财务预算的精确性和可信度。

2. 数据支持的预测和模拟

数据驱动的财务预算编制还可以结合预测和模拟方法，以帮助高校应对各种可能的变化和情况。高校可以利用数据分析工具，基于历史数据和趋势，预测未来可能出现的情况，从而更有针对性地进行财务预算编制。同时，高校还可以通过情景分析，模拟不同的预算方案，评估各种可能的结果和影响。

例如，高校可以模拟政策变化、市场波动等情景，评估这些变化对预算的影响。这种方法可以帮助高校在财务预算编制过程中更好地考虑不确定性和风险，制定更为灵活和适应性强的预算计划。通过数据支持的预测和模拟，高校能够更好地预见未来，做出更明智的决策。

（二）情景分析的应用

情景分析是一种有效的财务预算编制工具，可以帮助高校应对不同的情况。高校可以通过构建不同的情景，模拟各种可能的变化，并评估这些变化对预算的影响。例如，高校可以模拟政府资助减少、市场需求下降等情况，以便在财务预算编制中提前做出调整。

1. 构建不同情景

高校可以根据不同的因素和变化，构建多种可能的情景。这些情景可以包括政策变化、市场波动、招生情况等各种可能的发展趋势。通过构建多个情景，高校可以更全面地考虑各种可能性，从而制订更具有适应性的预算计划。

（1）构建不同情景的重要性

高校财务预算编制过程中，构建不同情景具有重要的意义。首先，未来的发展充满不确定性，涉及政策、市场、经济等多方面因素的变化。通过构建多个情景，高校可以更好地应对各种可能性，减少单一预测所带来的风险。其次，不同情景能够帮助高校识别和评估风险，从而制定相应的预算调整策略和措施。最后，构建不同情景能够提高财务预算编制的灵活性，使高校能够更好地应对变化和调整预算计划。

（2）构建不同情景的方法

在构建不同情景时，高校可以参考以下方法：

a. 政策变化情景

政策变化是高校财务预算管理面临的常见因素之一。高校可以考虑不同政策对财务预算管理的影响，如政府资助政策、税收政策等。通过模拟不同政策情景，高校可以评估政策变化对财务预算管理的影响，从而制定应对策略。

b. 市场波动情景

市场波动可能影响高校的招生情况和收入情况。高校可以构建不同市场情景，如招生人数增加或减少、学费变化等。通过对不同市场情景的模拟，高校可以更好地应对市场变化，调整财务预算计划。

c. 经济环境情景

经济环境的变化也会影响高校的财务预算编制。高校可以考虑经济增长、通货膨胀等因素对财务预算管理的影响。通过构建不同经济情境，高校可以更准确地估计未来支出和收入，制定更合理的财务预算策略。

d. 不确定性因素情景

除了以上因素，还可以考虑一些不确定性因素，如自然灾害、突发事件等。通过构建这些不确定性因素情景，高校可以评估在不同突发情况下的预算应对能力，制定应急预案。

通过考虑不同因素和变化，高校能够更全面地制订适应性强的预算计划，为应对未来的不确定性和变化做好准备。这一方法可以帮助高校更好地保障财务稳定，支持教育教学和科研创新的发展。

2. 评估情景影响

在构建好各种情景后，高校需要对这些情景进行评估，了解不同情景下预算的变化和影响。通过分析情景下的预算需求和支出情况，高校可以更准确地判断各种情况下的财务稳定性，从而为财务预算编制做出更明智的决策。

（1）情景影响的评估方法

在评估情景影响时，高校可以采用以下方法：

a. 数据模拟与分析

通过利用历史数据和趋势进行数据模拟和分析，可以预测各种情景下的预算需求和支出情况。高校可以基于已有数据，制定模拟模型，对不同情景进行仿真分析，以获得各种情景下的预算变化情况。

b. 敏感性分析

敏感性分析是通过调整不同因素的值，评估其对预算的影响程度。高校可以针对每个情景中的关键因素，逐一进行敏感性分析，了解各种情况下预算的变化趋势，从而确定各种影响因素的重要性。

c. 财务指标评估

通过分析各种情景下的财务指标，如资金周转率、收支平衡情况等，可以更全面地了解不同情景对高校财务状况的影响。高校可以制定一系列的财务指标来评估不同情景下的财务健康程度。

（2）评估结果的应用

评估情景影响的结果可以为高校财务预算编制提供重要的决策支持。首先，评估结果可以帮助高校确定在不同情景下的预算需求和支出变化，从而制订更为科学合理的预算计划。其次，评估结果可以帮助高校识别潜在的风险和挑战，制定相应的财务风险管理策略。最后，评估结果可以帮助高校更好地应对未来可能的变化，保障财务稳定性和可持续发展。

（三）案例分析

某高校在新时代采用了数据驱动和情景分析的方法来支持财务预算编制。该校建立了财务数据库，汇集了各个部门的财务数据，并利用数据分析工具对数据进行挖掘和分析。在财务预算编制过程中，该校利用历史数据和趋势进行预测，同时也考虑了多种可能的情景，例如政策变化、市场波动等。通过数据驱动和情景分析的支持，该校制定的财务预算更加准确和灵活，能够更好地应对不确定性和变化。

1.案例背景

某高校面临市场竞争激烈、政策变化频繁的挑战，为了更好地应对这些变化，他们采用了数据驱动和情景分析的方法来支持财务预算编制。

2.数据驱动的应用

该高校建立了财务数据仓库，收集了各个部门的财务数据。通过数据分析工具，他们对往年的财务数据进行了详细分析，揭示出不同支出项目的趋势和规律。基于历史数据的分析，他们能够更准确地预测未来一段时间内的财务需求，从而有针对性地进行财务预算编制。

3.情景分析的应用

在财务预算编制过程中，该高校通过情景分析来应对不同的变化情况。他们构建了多个情景，包括政策变化、市场需求下降、资金紧缺等。针对每个情景，他们评估了预算的调整需求和支出变化。例如，在预测到政府可能减少资助的情况下，该高校制定了相应的应对方案，调整了各项支出的预算分配，以应对可能的财务压力。

4.数据驱动与情景分析的效果

通过数据驱动和情景分析的应用，该高校在财务预算编制中取得了明显的效果。首先，凭借数据分析，他们能够更准确地预测未来财务需求，避免了资源浪费和不足。其次，通过情景分析，他们对不同情况下的预算需求有了全面的了解，能够更灵活地应对各种变化。这种方法使得财务预算更具有适应性和弹性，提高了财务预算的科学性和实效性。

数据驱动和情景分析在新时代高校财务预算管理中的应用，为财务预算编制提供了更为科学和灵活的方法。通过充分利用数据分析和情景模拟，高校可以更好地应对不确定性和变化，制订更准确、合理和适应性强的预算计划。这种方法不仅可以提高财务预算编制的效率和准确性，还可以为高校在竞争激烈、变化频繁的环境中保持财务稳定性提供有力支持。

第二节　新时代高校财务全面预算执行与控制

新时代高校财务全面预算执行与控制，是指在当前社会背景下，高校在财务预算管理方面的预算编制、执行和控制工作，以适应时代发展需求，实现财务稳健可持续发展的目标。这涉及高校在财务预算管理中需要关注的各个方面，包括预算编制、资金使用、支出管控等。

一、预算编制

在新时代，高校财务预算的编制变得更加复杂和关键。高校需要采用科学的方法，结合历史数据和未来预测，制订合理的预算计划。同时，财务预算编制还需要考虑到高校的发展战略和目标，确保预算与高校的长远规划相一致。

（一）历史数据与趋势分析的重要性

历史财务数据是财务预算编制的基础。通过对过去年度的支出和收入进行深入分析，高校能够识别出财务管理中的规律和趋势，对未来做出更准确的预测。这有助于预测高校可能面临的财务挑战，有针对性地调整财务预算计划，以更好地应对变化。

1. 数据收集与整理

历史财务数据作为财务预算编制的基础，需要从多个维度收集和整理，包括支出、收入、资产负债等方面。这涉及会计报表的分析，如资产负债表、利润表和现金流量表等。数据的准确性和完整性对于准确分析和预测至关重要。

在数据整理过程中，数据需要进行验证和清洗。验证确保数据的真实性，防止错误数据影响分析结果。清洗过程包括删除重复、缺失或异常数据，以确保数据的一致性和可靠性。

2. 趋势分析与模式识别

通过历史数据的趋势分析，高校可以发现财务预算管理中的规律和模式。这包括识别支出和收入的季节性变化、长期趋势等。例如，某些支出在特定时期会增加，如学期开始时的设备采购。这些分析有助于为未来的财务预算编制提供参考。

对于存在季节性变化的支出和收入，财务预算编制需要进行季节性调整。这涉及考虑特定时期的变化因素，如学期、假期、招生季等，以更准确地规划财务支出。

（二）未来预测与战略一致性

除了历史数据，高校还需要关注未来的发展趋势。对经济环境、社会政策等进行预测，能够帮助高校预测未来可能的财务风险和机遇。然而，这些预测必须与高校的发展战略相一致。财务预算编制时，高校需要将学校的使命、目标和规划纳入考虑，以确保预算支持学校长远发展。

1. 经济环境分析

未来预测需要关注外部的经济环境变化。这包括宏观经济趋势、通货膨胀率、利率等。通过分析这些因素，高校可以预测未来的经济环境，从而更好地规划财务预算。

社会政策对高校财务预算有重要影响。政府对教育领域的政策变化可能会导致财务状况的波动。预测政策的变化，特别是财务方面的政策，有助于高校及时做出应对措施。

2. 战略目标与需求匹配

在预测过程中，高校需要确保预算计划与高校的战略目标和发展需求相一致。例如，如果高校的战略目标是加强科研，那么预算中应适当增加科研支出的预算比例。这有助于确保财务预算与高校的长远规划相契合。

财务预算编制过程中，高校需要进行各项支出的权衡。对于不同领域的需求，如教学、科研、校园建设等，预算的分配需要考虑各自的重要性和优先级，确保资源得到合理配置。

（三）资源优化与合理配置

高校财务预算编制不仅仅是财务支出的计划，更是资源的优化配置。高校需要在财务预算编制中平衡不同领域的需求，包括教学、科研、师生发展等。合理分配资源，确保各项支出能够最大程度地服务于学校的整体目标。

1. 教学与科研的平衡

高校财务预算编制需要平衡教学和科研领域的支出。教学和科研是高校的两大核心任务，预算的合理分配应既保障优质教学，又推动科研创新。

预算中的师资和硬件设施支出是高校教育教学的重要组成部分。师资支出包括教师薪酬和培训，硬件设施支出包括教室、实验室等建设。这些支出需要与教学质量和科研需求相匹配。

2. 学生发展与福利保障

高校财务预算编制还需关注学生的发展和福利。学生奖助金、校园文化建设等支出，有助于提升学生的综合素质和获得感，进而为高校形象和发展带来积极影响。

高校可以建立完善的学生奖助体系，通过奖学金、助学金等方式，激励学生在学术和社会活动中取得优异成绩。这有助于培养人才，提高学校的影响力。

（四）灵活性与变化应对

新时代带来了更多的不确定性和变化。高校的财务预算计划必须具备一定的灵活性，能够在变化的情况下及时做出调整。这可能涉及预留一定的预算余地，以应对意外情况，或者根据实际情况进行调整，确保预算的实际执行与学校需求相符。

1. 预算调整机制

新时代的不确定性和变化性要求高校财务预算具备一定的灵活性。财务预算编制时，高校可以设定预算调整机制，根据实际情况随时进行预算的调整和优化，以适应变化的需求。

在预算中设置一定的应急预留，用于应对突发情况或变化。这有助于高校在面临意外挑战时保持财务稳健，并迅速做出调整。

2. 灵活预算控制与监测

财务预算编制不仅仅是一次性的任务，还需要建立灵活的预算控制和监测机制。通过设定预算执行的监测指标和阈值，高校能够实时了解财务状况，及时发现偏差，并采取相应措施进行调整。

在预算控制和监测中，高校可以运用现代财务数据分析工具。通过建立财务数据的仪表板和报表，高校管理层可以直观地了解财务情况，分析预算执行的情况，及时发现问题。

3. 预算与绩效关联

高校财务预算编制应与绩效评估相结合。为不同支出设置明确的预期绩效目标，将预算使用情况与实际绩效成果相对比，从而评估预算的合理性和效果。

（1）KPI 设定与绩效指标

在财务预算编制过程中，高校可以制定关键绩效指标（KPI），将其与各项支出相关联。例如，科研支出可以与科研成果数量、质量挂钩，教学支出可以与学生成绩、就业率等相关。

（2）绩效评估与预算调整

定期进行绩效评估，根据绩效结果对预算进行调整。如果某项支出没有达到预期绩效，高校可以考虑适度减少该项支出，将资源重新分配到取得更好绩效的领域。

新时代高校财务预算编制需要以科学方法为基础，综合考虑历史数据和未来预测，兼顾战略规划与资源优化。这不仅是财务管理的技术性问题，更是为高校的稳健可持续发展提供支持的重要手段。通过合理的财务预算编制，高校能够更好地应对变化，实现财务目标与发展使命的有机结合。

二、资金使用

预算执行阶段，高校需要严格按照预算计划进行资金的使用。资金使用需要符合预算安排，避免出现过度支出或资源浪费的情况。高校可以建立资金使用的审批机制和监控体系，确保资金使用的合理性和透明度。此外，高校还应根据实际需要，合理分配资金，确保各项支出都能得到适当保障。

（一）严格按照预算计划执行

1. 预算与资金分配

高校在预算执行阶段需要确保资金的使用与预算计划相一致。预算计划是对财务资源的合理规划，涵盖了不同领域的支出，如教学、科研、设备购置等。资金使用应按照预算分配，避免超出预算的支出情况。预算计划可以对各个支出领域进行分区，设定相应的预算金额。这有助于在执行过程中更好地控制各项支出，避免资金偏离预期方向。

2. 避免过度支出与资源浪费

高校在资金使用时需要注意避免过度支出和资源浪费。过度支出可能导致预算超支，影响学校财务的稳定性。资源浪费则会减少财务资源的有效利用，影响高校的整体效益。通过与历史数据、行业标准进行比较分析，高校可以评估当前的支出是否合理。如果某项支出明显超过同类高校的平均水平，就需要仔细审查并进行调整，确保支出的合理性。

（二）审批机制与监控体系

1. 资金使用审批流程

高校可以建立严格的资金使用审批流程，确保每一笔支出都经过必要的审批程序。审批流程可以包括预算部门、财务部门等多个环节，以确保资金使用的合法性和合规性。如果在执行过程中需要调整预算分配，高校应当设立相应的审批程序。高校管理层需要审议和批准预算的调整，确保变动是基于充分的理由和合理的需求。

2. 资金使用监控体系

高校应建立资金使用的监控体系，实时跟踪资金流向和支出情况。这可以通过财务系统和数据分析工具实现。监控体系有助于发现资金使用中的异常情况，并及时采取措施加以调整。监控体系可以设立预警机制，当资金使用出现异常情况时，及时发出警报。异常情况可能包括某项支出超出预算较大比例、频繁性支出波动等。高校管理部门应设立相应的处理程序，解决问题并避免类似情况再次发生。

（三）合理分配与透明度

1. 高校发展需求

资金使用应根据高校的发展需求进行合理分配。不同阶段、不同领域的发展都需要有相应的财务支持。例如，高校发展科研需要投入一定的研究经费，而教学设施的改善也需要相应的资金投入。高校发展规划是资金分配的重要依据。根据高校的中长期发展规划，制定财务预算，并将资金分配与规划相结合，以实现高校整体发展目标。

2. 资金使用透明度

高校应当保持资金使用的透明度，及时向内外部人员披露财务信息。建立定期报告制度，向高校师生、管理层、社会公众等提供财务报告，增加透明度和信任。高校可以通过财务报告展示资金使用情况，包括支出项目、金额、用途等，同时，将这些报告进行公开，使校内外人员都能够了解高校的财务运作。

三、支出管控

高校需要建立有效的支出管控机制，防止资源浪费和滥用。这包括设立预算执行的责任人，建立支出审批流程，加强内部审计等措施。支出管控还需要与实际情况相结合，确保预算的合理使用，避免出现资金紧张或不足的情况。

（一）建立有效的支出管控机制

1. 预算执行责任人的设立

在高校的支出管控中，设立预算执行的责任人是至关重要的一环。该责任人应具备财务管理专业知识，负责监督预算的执行情况，确保支出符合预算计划，避免出现超支或资金浪费。预算执行责任人不仅仅是预算的执行者，还应扮演着监督者和协调者的角色。他们需要确保资金使用的合理性，及时发现问题并采取措施解决，同时协调各个部门之间的支出需求。

2. 支出审批流程的建立

建立严格的支出审批流程是有效管控支出的重要手段。审批流程应涵盖不同金额级别和不同性质的支出，确保所有支出都经过相应的审批程序，防止滥用和不当支出的发生。高校可以设立多级审批制度，根据支出的金额和性质，划分不同的审批层级。较大额度或关键性支出需要经过更高层级的审批，以增加支出的透明度和合规性。

（二）内部审计与监督

1. 内部审计的角色

内部审计在支出管控中具有重要作用。通过独立的内部审计部门，高校可以对各项支出进行审查和核实，发现可能存在的问题和风险，并提供改进建议。内部审计可以通过风险评估，识别高校支出管控中存在的潜在风险，从而采取相应的控制措施。这有助于防范财务风险，保障高校财务安全。

2. 监督与建议

内部审计部门不仅仅是问题的发现者，还应提供改进建议和优化方案。他们可以根据审计结果，向高校管理层提供有针对性的建议，帮助高校改进支出管控机制。

（三）实际情况与合理使用

1. 弹性预算与变动因素

在支出管控中，高校需要考虑到实际情况的变化。不同时间段和项目的支出需求可能存在变动，因此预算计划应设置一定的弹性，以适应变动因素。突发事件，如自然灾害或紧急项目的出现，可能导致支出需求的急剧变化。高校需要灵活调整预算分配，以应对这些突发情况。

2. 资金紧张与合理分配

支出管控还需要防范资金紧张的情况。高校应合理分配资金，确保各项支出得到适当保障，避免出现某些领域过度投入而导致其他领域不足的情况。高校可以制定长期规划，预先设定资金储备，以应对未来可能出现的紧急情况。这有助于保障高校的正常财务运作。

支出管控在高校预算执行中具有重要作用。通过建立有效的支出管控机制，高校可以避免资源浪费和滥用，确保资金使用的合理性和透明度。设立预算执行责任人、建立支出审批流程、加强内部审计等措施，有助于实现高校财务的健康发展。同时，结合实际情况，保持预算的弹性和合理分配，可以避免资金紧张的情况发生。支出管控不仅需要制度的支持，还需要高校管理层的专业知识和敏锐意识，以确保预算的有效执行和资源的优化利用。

第三节　新时代高校财务全面预算评估与调整

高校需要建立科学的绩效评估体系，对预算执行的情况进行监测和评估。这可以通过制定绩效指标、收集数据、进行定期评估等方式来实现。绩效评估不仅可以发现问题和不足，还可以为下一阶段的财务预算编制和执行提供参考依据。

一、建立科学的绩效评估体系

（一）绩效评估的重要性

在高校财务预算管理中，建立科学的绩效评估体系是确保资源优化利用和财务健康的重要手段。绩效评估不仅仅是对预算执行情况的监测，更是对高校各项支出效果的全面评价。通过绩效评估，高校可以发现潜在问题、优化资源配置，为未来的财务预算编制和执行提供实证依据。

1. 绩效评估与问题发现

绩效评估的主要目标之一是发现可能存在的支出浪费、效率低下或不当使用的情况。与实际效果的对比，可以揭示支出中的短板和盲点，从而引导高校采取有针对性的改进措施。

2. 绩效评估与资源优化

科学的绩效评估体系可以帮助高校更好地进行资源分配和优化。对不同领域支出效果的量化分析，可以明确哪些领域的资源配置是高效的，哪些需要适度增加或调整，实现资源的最优利用。

3. 绩效评估与信任建设

透明的绩效评估体系有助于增加高校内外各方的信任。外部利益相关者，如捐赠者、政府等，可以通过绩效评估了解高校资源的使用情况，增强对高校财务管理的信心，从而更愿意支持高校的发展。

（二）绩效指标的制定

绩效指标是绩效评估的核心，直接决定了评估的准确性和有效性。科学合理的绩效指标能够更全面地反映高校的支出效果，为决策提供可靠的依据。

1. 涵盖多个支出领域的指标

绩效指标应该覆盖高校的各个支出领域，以确保评估的全面性。教学质量、科研成果、学生满意度、设施设备利用率等都是可以考虑的绩效指标。

（1）教学质量指标

提高教学质量是高校的核心任务之一，因此绩效评估应包括与教学相关的指标。这可以包括学生毕业率、课程通过率、教师授课质量等。例如，学生毕业率可以反映出高校的教学质量是否能够促使学生顺利完成学业。

（2）科研成果指标

科研是高校的重要组成部分，因此科研成果的评估指标也应包括在绩效评估中。科研项目数量、发表的论文数量与质量、科研项目的经济产出等都是可以考虑的指标。这些指标可以反映高校在科研方面的活跃程度和贡献。

（3）学生满意度指标

学生满意度是衡量高校教育服务效果的重要指标之一。可以通过学生满意度调查等方式来获取数据，从而评估高校在教学、管理、设施等方面是否能够满足学生的需求。

（4）设施设备利用率指标

设施设备的合理利用与高校的各项工作密切相关。绩效评估可以考虑设施设备的使用率、借用率等指标，以确保资源得到充分利用。

2. 与发展战略和预算计划相匹配

绩效指标应该与高校的发展战略和预算计划相一致。这意味着指标的制定要考虑高校的独特定位、目标和优势，确保评估的方向与高校的整体发展一致。

（1）确定高校的发展方向

在制定绩效指标时，高校首先需要深入了解其发展战略和定位。每个高校在不同阶段都可能有不同的发展重点，如提升教学质量、扩大科研影响力、加强社会服务等。根据高校的战略目标，制定相应的绩效指标能够更好地反映高校的发展方向。

a. 国际化发展战略

如果高校的发展战略强调国际化，那么绩效指标应该涵盖与国际合作、交流相关的内容。例如，可以设置国际合作项目的数量、国际学生招生情况、国际交流活动的频率等指标，以衡量高校在国际化方面的进展。

b. 研究型发展战略

若高校的发展战略着重于研究型特色，绩效指标应注重科研产出和影响力。科研项目的数量、发表高水平论文的数量、科研经费的使用效率等可以作为指标，以评估高校在科研领域的发展情况。

（2）与预算计划的一致性

绩效指标的制定也需要与高校的预算计划相一致。预算计划是财务资源的合理配置规划，而绩效评估则是对这些资源使用效果的评价。因此，绩效指标应与预算计划紧密联系，确保资源投入与产出效果的衡量一致。

a. 预算分配与绩效指标

如果高校在预算中分配了大量资源用于某一领域，那么相应的绩效指标应能够衡量这个领域的产出。例如，如果大量预算用于设备更新，绩效指标可以包括设备利用率、科研成果的产出等。

b. 优化资源配置

绩效评估的目的之一是优化资源配置，确保资源得到最大化利用。因此，绩效指标应该能够反映出不同领域资源的使用效率。如果某一领域的资源使用效率较低，管理层可以根据指标结果调整资源分配，实现资源的最优配置。

（3）持续地跟踪和调整

高校的发展战略和预算计划可能随着时局的变化而调整。因此，绩效指标也需要具有持续的跟踪和调整机制，以确保其与高校的变化保持一致。定期审视指标的有效性，并根据新的战略方向和预算计划进行调整，有助于保持绩效评估的实际应用性和准确性。

3. 制定可量化的 KPI

关键绩效指标（KPI）的制定非常重要。KPI 是对高校支出效果进行量化评价的重要手段，能够更直观地反映支出的影响。例如，教学支出的 KPI 可以是学生毕业率、就业率等。

（1）KPI 的重要性

关键绩效指标（KPI）在高校绩效评估中起着至关重要的作用。它是通过定量的方式来衡量和评估支出效果的工具，能够更直观地反映高校在不同领域的绩效表现。制定可量化的 KPI 有助于高校更准确地了解支出的影响，优化资源配置，实现财务目标。

（2）KPI 的制定原则

制定可量化的 KPI 需要考虑以下原则：

a. 明确性和可测量性

KPI 必须明确、清晰且可量化，能够被客观测量和计算。这样才能确保指标的准确性和可比较性。例如，学生毕业率和就业率都是明确且可测量的指标，可以通过统计数据进行计算。

b. 与目标相关性

每个 KPI 都应与高校的发展目标和预算计划密切相关。指标的制定应反映出高校在特定领域的关键目标。例如，如果高校的目标是提升科研水平，那么科研项目数量、发表的高水平论文数量等就是相关的 KPI。

c. 可比较性

KPI 应该具有可比较性，能够跨不同时间段和高校之间进行比较。这可以帮助高校了解自身绩效在行业内的相对位置。例如，毕业生就业率是一个可以在不同高校之间进行比较的指标。

（3）举例说明

在教学支出领域，制定可量化的 KPI 可以包括：

a. 学生毕业率

学生毕业率是衡量高校教学质量的重要指标。它可以反映出高校的教学效果，即高校是否能够成功培养学生并使其顺利完成学业。高的学生毕业率表明高校的教学质量较高。

b. 就业率

就业率是衡量高校培养出的学生是否能够成功就业的指标。高的就业率意味着高校培养的学生在就业市场上具有竞争力，能够成功就业。

c. 学生满意度调查结果

定期进行学生满意度调查，可以量化地了解学生对教学质量、课程设置、师资水平等方面的满意度。这可以帮助高校及时发现问题并进行改进。

d.KPI 的动态性与调整

高校的发展和外部环境都是不断变化的，因此 KPI 也需要具备一定的动态性。随着时间的推移和高校战略的调整，某些 KPI 可能需要进行调整，以保持其与实际情况的一致性和相关性。

制定可量化的 KPI 是高校绩效评估中的关键步骤。这些指标能够直观地反映高校在不同领域的支出效果，为高校的决策和资源配置提供重要依据。在制定 KPI 时，高校必须遵循明确性、与目标相关性和可比较性等原则，同时也要考虑指标的动态性，以适应高校的发展变化。

4. 指标的动态性与调整

高校的发展和环境会不断变化，因此绩效指标也需要具有一定的动态性。在制定指标时，高校应该考虑到长期和短期目标，并可以根据实际情况进行适度调整。

（1）长期和短期目标

在制定指标时，高校需要考虑高校的长期和短期目标。长期目标是高校在未来一段较长时间内想要实现的战略目标，而短期目标则可能是更具体的、可操作的目标。指标应当根据这些目标的不同特点进行选择和设计。

（2）动态性的重要性

指标的动态性是指指标在一定时间范围内可以进行调整和修改，以适应环境的变化。这种动态性可以确保指标始终与高校的实际情况相匹配。随着高校战略的变化、行业趋势的演变和新的挑战的出现，一些原有的指标可能不再适用或需要调整。

（3）调整的原则

指标的调整应该基于以下原则：

a. 基于数据和证据

指标的调整应该基于充分的数据和实证证据。高校可以通过收集和分析各项数据，评估原有指标的表现，以及新的情况是否需要调整。

b. 保持连续性

在调整指标时，需要保持一定的连续性，以确保绩效的比较和分析的可靠性，如果频繁地更改指标，可能会导致无法准确衡量高校的持续绩效。

c. 与目标一致

任何指标的调整都应该与高校的目标和发展战略保持一致。新的指标应该能够更好地反映高校当前的重点领域和战略方向。

（4）调整的频率

调整指标的频率应该根据需要进行。长期目标和整体战略的变化可能会导致较大范围的指标调整，而短期变化和突发情况可能需要更频繁地调整。

高校需要在制定指标时考虑长期和短期目标，确保指标的灵活性以适应变化的环境。调整指标时应基于数据、保持连续性，并与高校目标保持一致，以确保评估的准确性和有效性。综合考虑这些因素，高校可以建立更具有应变能力的绩效评估体系。

绩效评估不仅有助于发现问题和优化资源配置，还可以提升支出的透明度和合规性。科学制定绩效指标是绩效评估的基础，需要考虑到全面性、适配性和可量化性。绩效评估体系的建立不仅需要专业的财务知识，还需要高校管理层的领导力和战略眼光，以确保绩效评估成为高校财务预算管理的有力工具。通过定期的评估和调整，高校可以实现财务预算管理水平不断优化和提升。

二、数据收集与定期评估

（一）数据收集与整理

绩效评估需要充分的数据支持。高校应建立完善的数据收集和整理机制，确保所收集的数据准确、全面。这可以包括财务数据、教学评价、科研成果等多方面的信息。数据的来源应当可靠且具有代表性，可以来自高校内部的系统记录，也可以来自外部的调查和统计数据。数据的准确性和及时性是保证绩效评估的有效性的基础。

1. 多维数据收集

高校应建立涵盖多维度的数据收集机制。这包括财务数据、教学评价、科研成果等方面的信息。财务数据涵盖预算编制、实际支出、资金流向等，教学评价包括学生满意度、教师评价等，科研成果则包括科研项目产出、论文发表等。

2. 数据来源的多样性

数据的来源应当多样化，既可以来自高校内部的系统记录，如财务系统、教务系统，也可以来自外部的调查和统计数据，如学生调查、行业数据等。多样化的数据来源可以提供更全面的信息，避免单一数据源的偏差。

3. 数据质量的保障

确保数据的准确性和可靠性是数据收集的重要目标。高校应建立数据质量的监控机制，对数据进行验证和核实，确保数据的真实性和完整性。在数据收集过程中，高校要注意数据的分类、编码等标准，以确保数据整理和分析的准确性。

（二）定期评估与反馈机制

绩效评估应当是定期进行的，以便及时了解支出效果并做出调整。高校可以设立评估周期，例如每学年、每学期或每月进行一次评估，以确保预算执行的持续优化。评估结果的反馈对于高校自我完善至关重要。评估结果可以通过报告、会议等方式向相关部门和管理层进行通报，指出存在的问题并提出改进建议，以实现预算执行的最佳效果。

1. 定期评估的重要性与周期设定

（1）定期评估的价值

定期评估是高校财务预算执行过程中不可或缺的环节。它不仅能够帮助高校了解支出效果，还能为持续改进提供反馈，确保预算执行的有效性和效率。

（2）支出效果的了解

定期评估能够及时反映财务支出的实际效果。通过比较预算计划与实际执行的数据，高校可以清晰地了解各项支出是否达到预期目标，从而判断预算的执行情况。

（3）持续改进的机会

定期评估为高校提供了持续改进的机会。通过发现问题和不足，高校可以采取针对性的改进措施，优化资源配置、提高支出效益，从而推动财务预算管理水平的不断提升。

2. 评估周期的设定

评估周期的设定对于定期评估的有效性至关重要。高校可以根据不同的需求和预算执行情况来设定合适的评估周期。

（1）学期 / 学年周期

高校可以选择按照学期或学年进行定期评估。学期周期较短，能够更快地发现问题和变化，但对长期效果的观察可能不够充分。学年周期较长，能够更好地反映长期效果，但对问题的及时发现可能略有滞后。

（2）项目周期

对于特定项目的预算执行，高校也可以按照项目周期进行评估。这种方式能够更加精准地观察项目的执行情况和效果，有助于项目管理的优化。

3. 评估结果的传达方式

评估结果的传达方式对于改进措施的实施至关重要。高校可以采用多种途径将评估结果传达给相关部门和管理层。

（1）报告与汇总

定期编制评估报告，将评估结果以清晰、全面的方式呈现。报告中可以包括支出情况、效果分析、问题发现等内容，为管理层提供决策的参考依据。

（2）会议与讨论

定期召开会议或讨论，将评估结果进行沟通和解读。这种方式能够实现实时交流与互动，使管理层能够更深入地理解评估结果，提出问题并制定解决方案。

通过设定合适的评估周期，及时传达评估结果，提出改进建议，高校可以持续优化预算执行，实现财务预算管理的最佳效果。评估结果的反馈不仅有助于问题的解决，还能促进预算执行的持续改进和创新。这一机制在高校财务预算管理中具有重要作用，为高校的长远发展提供了坚实的支撑。

三、绩效评估的应用与优化

（一）支持决策与优化资源分配

绩效评估的结果可以为高校管理层的决策提供重要参考。如果某项支出的绩效不佳，管理层可以考虑调整资源分配，将更多的资源投入到具有更好绩效的领域，实现资源的最优配置。基于绩效评估的数据，高校可以制定更加科学的决策。这种数据驱动的决策方式有助于避免主观性判断，提高决策的准确性和可信度。

1. 资源分配的优化

基于绩效评估的结果，高校可以更有效地优化资源分配。当某项支出的绩效表现不佳时，管理层可以考虑减少相应的预算，并将资源重新分配到那些表现更好的领域，以最大程度地提升整体绩效。

2. 决策的数据驱动

数据驱动的决策在绩效评估中显得尤为重要。绩效评估提供了客观、可量化的绩效指标，使得管理层能够基于事实和数据进行决策，避免了主观性判断的偏差，提高了决策的准确性和可信度。

（二）改进预算编制和执行

绩效评估的结果可以为下一阶段的预算编制提供有力支持。高校可以根据绩效评估的反馈，调整预算计划，优化资源分配，确保未来预算的更好执行和支出效果。绩效评估形成了预算循环中的重要环节。通过不断地评估、调整和优化，高校可以建立起财务预算管理的良性循环，实现财务的可持续健康发展。

1. 预算调整的依据

绩效评估为预算调整提供了有力的依据。当某项支出的绩效未达预期时，高校可以根据评估结果进行相应的预算调减，或者重新分配资源，使得资源得到更有效利用。

（1）绩效评估与预算调整

绩效评估为高校预算调整提供了有力的依据。预算调整是财务预算管理中的一个关键环节，它确保财务资源能够更加合理地分配，以实现高校的战略目标。绩效评估的应用可以为预算调整提供数据支持和指导，使得调整更加科学和有效。

当某项支出的绩效未达到预期时，高校可以根据绩效评估的结果进行相应的预算调减。这种调减可以避免继续投入到效果不佳的领域，从而释放出更多的资源用于其他领域，提升整体效益。

（2）资源重新分配的优化

绩效评估还可以为资源重新分配提供依据。通过对支出效果的评估，高校可以了解到哪些领域的支出效果较好，哪些领域存在问题。基于这些信息，高校可以调整资源分配，将更多资源投入到效果良好的领域，从而优化支出效果。

2. 预算调整的流程与实施

（1）数据支持的重要性

预算调整的实施需要充分的数据支持，而这些数据正是绩效评估提供的。绩效评估的数据可以揭示出问题和不足，为预算调整提供了客观的依据，避免了主观判断和盲目决策。

（2）决策的科学性

绩效评估的应用使预算调整变得更加科学。高校可以根据绩效评估的结果，制定具体的调整方案，确保调整是有针对性的、有效的。这种科学性有助于避免因单一数据或主观因素引起的误判。

3. 预算调整的效果与意义

（1）资源的最优分配

绩效评估为预算调整提供了依据，使得资源能够得到最优分配。通过将资源从效果不佳的领域调减，投入到效果更好的领域，高校可以实现资源的最大化利用，提升整体效益。

（2）预算执行的实效

预算调整的依据来自绩效评估的数据，因此调整后的预算更贴近实际情况。这有助于提升预算执行的实效性，避免了原本预算计划与实际效果不符的情况，从而保障了财务预算管理的准确性和有效性。

（3）长远发展的支持

通过绩效评估为基础的预算调整，高校能够更好地支持自身的长远发展。合理的资源配置和支出策略有助于推动高校在教学、科研、学生发展等方面的全面发展，为未来发展打下坚实基础。

4. 支出效果的预测

绩效评估不仅能够揭示当前支出的效果，还可以为未来支出效果提供一定的预测。通过历史数据和趋势分析，高校可以更准确地预测不同支出领域的效果，从而在财务预算编制时做出更恰当的规划。

（1）绩效评估与未来支出效果预测

绩效评估在财务预算管理中的作用不仅局限于揭示当前支出的效果，还可以为未来支出效果提供一定的预测。通过充分分析历史数据和趋势，高校可以更准确地预测不同支出领域的效果，从而在财务预算编制时做出更恰当的规划。

a. 利用历史数据进行预测

绩效评估可以通过对历史数据的深入分析，识别出财务预算管理的规律和趋势。这些规律和趋势可以为未来支出效果的预测提供重要参考。例如，通过分析过去几年的教学支出和学生满意度之间的关系，高校可以推测出未来增加教学支出可能会对学生满意度产生怎样的影响。

b. 考虑外部因素的影响

除了历史数据，高校还需要考虑外部因素对支出效果的影响。这些外部因素可能包括经济环境、政策变化、市场需求等。绩效评估可以将这些因素纳入考虑，进行趋势分析和预测，从而更全面地预测未来支出效果。

（2）数据分析方法与技术

a. 时间序列分析

时间序列分析是预测未来支出效果常用的方法之一。它基于历史数据的时间序列，通过识别出数据中的趋势、周期性和季节性等特征，预测未来的趋势。高校可以运用时间序列分析来预测不同支出领域的效果走向。

b. 数据挖掘技术

数据挖掘技术可以从大量数据中挖掘出隐藏的关联和规律，为未来支出效果的预测提供支持。例如，高校可以运用关联分析来找出支出和学生绩效之间的关系，进而预测不同支出对学生绩效的影响。

（3）预测的不确定性与灵活性

a. 预测的不确定性

预测未来支出效果时，必须考虑到不确定性因素。市场变化、政策调整等因素都可能影响支出效果的实际情况。高校在进行预测时，应当充分意识到不确定性，并将其考虑在内。

b. 预测的灵活性

绩效评估的应用还需要具备一定的灵活性。如果预测结果与实际情况出现偏差，高校应当及时调整预算计划，以适应变化的情况。灵活性可以确保预测和实际执行之间的匹配度，从而更好地支持高校的财务预算管理。

（4）预测对财务预算编制的影响

预测未来支出效果对财务预算编制具有重要影响。高校可以根据预测结果，合理分配预算资源，将更多资源投入到可能产生良好效果的领域。这有助于财务预算的科学编制，更好地支持高校的发展战略和目标。

（三）财务预算管理的良性循环

绩效评估的应用在财务预算管理中形成了良性循环。通过不断的评估、调整和优化，高校可以建立起一个不断改进的财务预算管理体系，以实现财务的可持续健康发展。

1. 持续改进的推动

绩效评估的应用驱动高校财务预算管理的持续改进。通过不断发现问题、制定解决方案，并将其反馈到财务预算编制和执行中，高校可以持续地提升支出效率和资源利用率。

（1）绩效评估驱动的改进循环

绩效评估的应用在高校财务预算管理中形成了一个持续改进的循环。这个循环涵盖了问题的发现、解决方案的制定、反馈到财务预算编制和执行的过程，从而推动高校的财务预算管理逐步走向更加高效和优化。

a. 问题发现和识别

绩效评估不仅揭示了支出效果，还能发现问题和短板。通过绩效指标和数据的对比分析，高校可以准确地发现存在的问题，如资源浪费、低效支出等。这些问题的发现为改进提供了起点。

b. 解决方案的制定

绩效评估不仅是问题的发现，更是解决方案的培育。一旦问题被确定，高校需要制定相应的解决方案。这可能涉及调整资源分配、优化支出流程、改进管理策略等。解决方案的制定需要综合考虑高校的战略目标、资源状况等因素。

（2）反馈到财务预算编制和执行

a. 预算编制的优化

绩效评估的问题和解决方案可以直接反馈到财务预算编制中。高校可以根据绩效评估的结果，调整预算计划，将资源投入到效果更好的领域，避免投入到效果不佳的领域。这种优化能够提高预算的精确性和实际效果。

b. 预算执行的改进

解决方案不仅在财务预算编制中发挥作用，同样也在预算执行中得到体现。高校可以根据绩效评估的反馈，调整支出策略，确保资源的最佳利用。例如，针对存在问题的领域，高校可以进行更严格的支出管控，以减少浪费和不当使用。

（3）持续改进的效应

a. 效率的提升

持续改进循环的推动使得高校财务预算管理逐步提升效率。通过不断地优化资源配置和支出策略，高校可以更有效地实现财务目标，实现资源的最大化利用，从而提升整体效率。

b. 财务健康的增强

持续改进循环的推动有助于增强高校的财务健康。通过问题的发现和解决方案的制定，高校能够有效降低浪费，增加资金的有效使用，从而提高财务的稳定性和可持续性。

c. 质量的持续提升

持续改进循环的推动使得高校支出质量得以持续提升。问题的发现和解决方案的实施可以不断地优化支出效果，提高教学、科研、设施等领域的质量水平。

通过问题的发现、解决方案的制定，以及将这些反馈到财务预算编制和执行中，高校可以不断地优化资源分配、提升支出效率和资源利用率。这种持续改进的循环有助于高校实现财务目标，增强财务健康，提升支出质量，为学校的可持续发展提供有力支持。

2. 财务目标的实现

绩效评估的应用帮助高校实现其财务目标。通过优化资源配置、提升支出效果，高校能够更好地实现财务的稳健、长远发展，为学校的整体发展提供坚实支持。

（1）绩效评估与财务目标

财务目标通常包括财务稳健性、投资回报、资源有效利用等方面。通过对支出效果的评估，高校能够更好地了解资源的利用情况，从而在实现财务目标的过程中采取更为明智的决策。

a. 财务稳健性的增强

绩效评估的应用有助于增强高校的财务稳健性。通过发现并改进存在的问题，优化资源配置，高校可以降低浪费，确保资金的合理利用，从而减少财务风险，保持稳健的财务状况。

b. 投资回报的提升

绩效评估可以指导高校在不同领域的投资决策，从而提升投资回报。通过对各项支出的效果进行评估，高校可以更准确地判断哪些领域具有更高的投资回报率，以便更有针对性地分配资源。

（2）资源配置的优化

a. 高效资源分配

绩效评估的应用有助于优化资源配置。通过对支出效果的评估，高校可以发现哪些领域需要更多的投入，哪些领域的投入可能需要减少。这样，高校可以实现资源的最优分配，更好地支持学校的核心任务。

b. 效果更佳的支出

绩效评估的应用还可以提升支出的效果。通过发现问题和不足，制定解决方案，高校可以在支出中获得更高的价值。这可能涉及改进教学质量、提升科研成果等方面，从而使得每一笔支出都能够实现更好的效果。

（3）长远发展的支持

a. 财务可持续性

绩效评估的应用有助于高校财务的可持续发展。通过持续地优化支出效果和资源利用率，高校可以更好地控制财务风险，确保财务的长远稳定性。这种可持续性是高校财务预算管理的重要保障。

b. 学校整体发展的支持

绩效评估的应用不仅仅关注财务方面，还为学校整体发展提供了支持。通过优化支出效果，高校能够更好地支持教学、科研、学生发展等方面的工作，进而推动学校在各个领域的综合发展。

绩效评估的应用在高校财务预算管理中扮演着至关重要的角色，可以帮助高校实现财务目标。通过优化资源配置、提升支出效果，高校能够实现财务的稳健、长远发展，为学校的整体发展提供坚实的支持。这种应用不仅仅是为了财务预算管理的改进，更是为了学校的可持续繁荣发展而努力。

新时代高校财务全面预算执行与控制需要在预算编制、资金使用、支出管控和绩效评估等方面进行全面而系统的管理。通过科学的方法和有效的措施，高校可以实现财务稳健可持续发展的目标，适应时代的发展需求。

第六章　信息及创新技术在高校财务预算管理中的应用

第一节　信息技术在高校财务预算管理中的应用现状

一、信息技术在高校财务预算管理中的现有应用情况

（一）整合财务数据与预算编制

信息技术在高校财务预算管理中扮演着至关重要的角色，尤其是在整合财务数据与预算编制方面的应用。现代高校作为庞大的组织体系，涵盖了多个部门和活动领域，每个部门都有自己的财务活动和预算需求。然而，分散的数据和信息孤岛常常导致财务数据的不一致性、重复录入及难以获取的问题。信息技术通过建立综合性的财务管理信息系统，实现了不同部门财务数据的整合和共享，为高校财务预算管理提供了坚实的基础。

1. 数据整合与共享

信息技术通过建立财务管理信息系统，将各个部门的财务数据整合到一个统一的平台上。这使得各部门的财务数据得以标准化、集中存储，从而消除了数据孤岛现象。例如，教学部门的学费收入、科研部门的项目支出、行政部门的行政费用等数据都可以在同一个系统中记录和管理，实现了全面、一致的数据视图。

（1）建立财务管理信息系统

信息技术在高校财务预算管理中通过建立财务管理信息系统将各个部门的财务数据整合到一个统一的平台上，从而实现数据的整合与共享。这一过程不仅消除了数据孤岛现象，也为高校提供了更好的数据管理和利用手段。

a. 数据标准化与一致性

在建立财务管理信息系统的过程中，高校需要制定统一的数据标准和规范，以确保各部门提交的数据能够在系统中得以一致地录入和存储。例如，不同部门的成本和支出项目可以采用相同的命名和分类体系，从而实现跨部门数据的比较和分析。数据标准化能够降低数据处理的复杂性，提高数据的可比性和可信度。

b. 数据集中存储与访问

财务管理信息系统将各个部门的财务数据集中存储于一个数据库中，实现了数据的集中化管理。这使得高校能够更加方便地访问和管理财务数据，无需在不同部门之间反复横跳。此外，数据的集中存储也便于数据备份和恢复，保障了数据的安全和可靠。

（2）消除数据孤岛现象

a. 跨部门数据对比与分析

信息技术的应用使得高校能够更好地进行跨部门的财务数据对比和分析。在过去，各部门的数据往往分散存储，难以实现全面对比。而财务管理信息系统中整合的数据可以为高校提供一个整体的数据视图，从而更容易识别不同部门之间的差异和共性，帮助高校制定更有针对性的财务预算策略。

b. 综合性数据报告生成

财务管理信息系统能够生成综合性的数据报告，将各个部门的财务数据综合在一起进行呈现。这些报告可以展示不同支出领域的情况，比如教学支出、科研支出、基础设施支出等。高校可以通过这些报告更好地了解各个领域的财务状况，有助于制定全面的财务决策和规划。

2. 减少人工干预

有了信息技术的支持，高校可以实现财务数据的自动采集和录入，从而减少了手工录入的错误和时间成本。财务数据可以直接从各部门的系统中导入，避免了烦琐的人工数据录入过程。这不仅提高了数据的准确性，还加快了财务数据的汇总和处理速度。

（1）自动数据采集与录入

信息技术在高校财务预算管理中的应用使得财务数据的采集和录入实现了自动化。通过与各部门的财务系统进行集成，财务数据可以自动从源头系统中抽取并录入财务管理信息系统。这种自动数据采集和录入的方式不仅减少了人工操作，还降低了数据录入过程中的错误风险。

a. 提高数据准确性

人工录入数据时可能会因疏忽或操作失误而产生错误，从而影响数据的准确性。自动数据采集和录入消除了这种风险，确保了财务数据的高准确性。系统可以准确地将数据从源系统导入，避免了人为因素导致的数据偏差。

b. 节省时间成本

自动化的数据采集和录入过程节省了大量的时间成本。传统的人工数据录入需要耗费大量人力和时间，而信息技术的应用使得这一过程高度自动化，极大地提高了工作效率。工作人员可以将更多时间投入到数据分析和决策制定中，提升了整体财务管理水平。

（2）财务数据汇总与处理

a. 实时数据汇总

通过信息技术支持的自动数据采集和录入，高校财务部门可以财务数据实时地从各部门系统中汇总。这意味着财务部门能够随时了解各项支出和收入的情况，不再需要等待人工汇总的过程。实时数据汇总为高校提供了更快速、更及时的数据反馈。

b. 数据处理的效率提高

自动化的数据录入和汇总过程不仅提高了数据的准确性，还显著提高了数据处理的效率。财务管理信息系统可以自动进行数据计算、汇总和分析，生成各种财务报表和图表。这使得财务部门能够更快速地完成数据处理工作，为管理层提供及时的决策依据。

（二）财务预算编制的效率与精度提高

整合后的财务数据为高校的财务预算编制提供了可靠的数据基础。信息技术可以根据历史数据、实际情况和未来预测，自动生成财务预算编制的模板和方案。财务预算编制人员可以在系统中录入各项支出和收入信息，系统会自动进行计算、汇总和分析。这种自动化的财务预算编制过程不仅提高了编制的效率，还减少了人为错误的可能性，确保了预算的准确性和全面性。

1. 快速建立预算模型

信息技术支持下，高校可以根据不同部门的需求，灵活地建立多维度的预算模型。这些模型可以根据不同的参数和假设，模拟出多种预算方案，为决策提供更多选择。例如，系统可以根据教学部门的学生人数和课程设置，快速建立教学费用的预算模型，便于高校随时进行预算调整和优化。

（1）多维度的预算模型

信息技术支持下，高校可以根据不同部门的需求，灵活地建立多维度的预算模型。传统的财务预算编制往往只考虑少数几个关键指标，而现代信息技术使得预算模型可以涵盖更多维度的参数和因素。例如，除了教学费用，还可以考虑课程设置、学生人数、教师人数等因素，从而更全面地反映预算情况。

不同部门的预算需求可能存在差异，信息技术支持下的预算模型可以根据不同部门的特点进行个性化定制。例如，科研部门可以建立基于科研项目数量和规模的预算模型，行政部门可以建立基于员工人数和行政支出的预算模型。这种个性化的预算模型使得财务预算编制更贴近实际情况，更符合部门的需求。

（2）多种预算方案的模拟

信息技术支持下的预算模型不仅可以根据不同参数进行财务预算编制，还可以模拟出多种财务预算方案。调整不同参数和假设，可以得出多个预算方案的模拟结果，为决策提供更多的选择。例如，教学部门可以通过预算模型模拟不同的课程设置和学生人数，从而比较不同方案下的预算情况。

预算模型的多样化模拟结果为决策提供了有力的支持工具。管理层可以根据不同预算方案的模拟结果，评估各种情况下的支出情况和影响，从而做出更明智的决策。这种基于数据的决策方式能够更好地考虑各种因素，避免主观判断的盲目性。

（3）实时调整与优化

信息技术支持下的预算模型具有实时调整和优化的能力。一旦发现预算偏差或者需要调整预算方案，管理层可以通过预算模型进行实时调整。例如，在学生人数出现变化时，教学部门可以根据实时数据调整预算模型，从而保持预算的准确性和实时性。

实时调整和优化的预算模型有助于实现资源的优化配置。模拟不同方案，可以找到最优的资源分配方案，从而实现资源的最大化利用。例如，在有限的预算下，高校通过预算模型可以找到最适合的课程设置和师生比例，以达到最佳的教学效果。

2. 预算分析和模拟

信息技术使得高校能够进行更深入的预算分析和模拟。预算编制人员可以根据不同的财务预算方案，通过系统生成预算报表和进行数据分析，直观地了解不同方案的影响。同时，其也可以进行预算模拟，模拟不同的支出和收入情景，帮助高校制定更灵活、适应性更强的财务预算策略。

（1）预算分析

信息技术在高校财务预算管理中的应用使得预算分析更加深入和准确。预算编制人员可以利用信息系统生成各种预算报表和进行数据分析，从而更直观地了解预算情况。通过对比不同部门、不同项目的预算情况，高校可以更好地发现潜在的问题和机会。例如，高校可以分析不同部门的支出结构，确定是否存在过度支出的情况，从而采取措施进行调整。

预算分析的数据驱动特点使得决策更加科学和准确。管理层可以根据预算分析的结果，做出基于数据的决策。这种决策方式避免了主观判断的盲目性，更能够在全面了解预算情况的基础上做出明智的决策。

（2）预算模拟

信息技术的应用还使得预算模拟成为可能。通过预算模拟，高校可以模拟不同的支出和收入情景，从而预测不同预算方案下的财务状况。这种模拟有助于评估不同决策对财务状况的影响，帮助高校制定更灵活、适应性更强的财务预算策略。

预算模拟不仅可以分析当前的财务情况，还可以预测未来的情景。通过调整不同的参数和假设，可以预测未来几个月甚至几年的财务趋势，这有助于高校及时作出调整，应对可能的财务风险。

二、现行信息技术应用的优势与局限性

（一）现行信息技术应用的优势

1. 提高效率

信息技术的应用使得财务预算编制和执行的过程更加高效。自动化的财务系统减少了手工操作，节省了时间和人力成本，财务预算编制、审批和报告的流程变得更加流畅，提高了整体的工作效率。

2. 提升准确性

信息技术能够减少人为错误的发生。自动化的数据处理和计算降低了数据录入和计算错误的风险，保障了预算的准确性。数据分析和预测能够更科学地基于数据指导决策，减少了主观判断的影响。

3. 实现实时监控

信息技术的实时监控功能使得高校能够随时了解财务状况。一旦出现预算超支或异常情况，管理层能够及时发现并采取纠正措施，防范财务风险的发生。

（二）现行信息技术应用的局限性

1. 初始投资较高

引入信息技术需要投入大量的初始资金用于系统的建设和开发。高校可能需要购买财务管理软件、培训员工、进行系统定制等，这可能对预算产生一定的压力。

2. 技术依赖性

信息技术应用的有效性依赖于系统的稳定性和数据的准确性。如果系统出现故障或数据出

现错误，可能导致预算执行的混乱和错误，需要高校投入更多资源来解决问题。

3.需要专业知识

有效使用信息技术需要员工具备一定的技术和专业知识。如果员工缺乏相关培训和技能，可能会影响系统的正常运行和数据的正确处理。

信息技术在高校财务预算管理中具有重要的应用价值。它能够提高效率、准确性和实时监控能力，为高校的财务决策提供更强有力的支持。然而，应用信息技术也需要高校克服一些挑战，包括初始投资、技术依赖性和人员培训等。高校需要在充分考虑这些因素的基础上，选择合适的信息技术方案，以最大程度地发挥其优势并克服局限性。

第二节　基于信息技术的高校财务预算编制创新策略

一、大数据在高校财务预算编制中的应用

大数据技术在高校财务预算编制中的应用，为财务预算编制提供了更全面、准确的数据支持，进一步提升了预算决策的科学性和效率。高校内部涉及的财务数据庞杂而多样，包括学费收入、科研经费、设备购置等各个方面。借助大数据技术，高校可以整合这些数据源，形成更完整的数据视图，从而更好地把握财务状况。例如，大数据分析可以深入挖掘历史财务数据，找出不同支出项目的关联性，揭示财务变化的潜在规律，为未来财务预算编制提供数据参考。

（一）利用大数据优化收入预测

大数据技术在高校财务预算编制中可用于收入预测。通过分析历史学费收入、科研合同收入等数据，结合学校的招生计划和科研项目进展情况，高校可以更准确地预测未来的收入情况。这种基于数据的收入预测可以帮助高校更好地制订财务目标和支出计划，实现财务的稳健发展。

（二）优化支出管理

大数据分析也可以用于优化支出管理。高校可以通过分析不同部门的支出情况，识别出不必要的重复支出或低效支出，进而调整预算分配策略，例如，对设备维护支出的数据分析，可以优化设备的维修计划，减少维护费用。这种数据驱动的支出优化有助于提高财务效率。

二、人工智能技术在财务预算编制中的潜在价值

人工智能技术在高校财务预算编制中具有巨大的潜在价值。通过机器学习、自然语言处理等技术，人工智能技术可以帮助高校更快速、精确地进行财务预算编制和决策支持。

（一）预算建模和优化

人工智能技术可以用于建立复杂的预算模型，根据不同的参数和假设进行模拟和优化。例如，高校可以利用人工智能技术建立教学费用的模型，考虑学生人数、课程设置等因素，从而预测不同方案下的教学费用。这有助于高校制定更具灵活性的预算策略。

（二）数据驱动的决策支持

人工智能技术可以分析大量的财务数据，为高校决策提供更全面、准确的信息。通过对历史数据和趋势的分析，人工智能技术可以帮助高校识别潜在的财务风险，指导决策者制订更具

前瞻性的预算计划。

三、利用信息技术优化财务预算编制流程与效率

信息技术不仅在数据分析方面具有潜力，还可以优化整个财务预算编制流程，提高效率和准确性。

（一）自动化的财务预算编制流程

信息技术可以实现财务预算编制流程的自动化。通过建立财务预算编制系统，高校可以将数据录入、计算和汇总归为自动化流程，减少了烦琐的手工操作。财务预算编制人员可以通过系统输入相关数据，系统会自动进行计算、汇总和生成报表，提高了财务预算编制的速度和准确性。这种自动化流程还能够减少人为错误的发生，确保预算的准确性。

（二）实时协作与反馈

信息技术支持下，财务预算编制过程可以实现实时协作和反馈。不同部门的负责人可以在系统中同时编辑和查看预算数据，实现了信息的共享和透明。如果需要进行预算调整或审批，相关人员可以通过系统直接进行，减少了沟通和等待的时间。这种实时协作和反馈机制有助于加快财务预算编制的进程，提高效率。

（三）智能预测与分析

信息技术支持下的财务预算编制流程还可以结合数据分析和预测技术，实现智能化预测和分析。系统可以根据历史数据和趋势，预测不同支出和收入项目的变化情况，帮助高校制订更科学的预算计划。这种智能预测有助于高校更好地应对未来的财务挑战，实现财务的可持续发展。

信息技术在高校财务预算管理中的应用，为高校提供了更强大的数据分析、决策支持和流程优化能力。大数据、人工智能等技术的应用，不仅提升了效率和准确性，还为高校制定更具前瞻性和科学性的财务预算策略提供了可能性。高校可以积极探索并采用这些技术，不断创新财务预算编制的方式，为财务管理提供更好的支持。

第三节　基于信息技术的高校财务预算执行与控制创新策略

一、利用物联网技术实现财务预算执行的实时监控

随着物联网技术的迅速发展，其在高校财务预算执行与控制中的应用正逐渐展现出巨大的潜力。物联网技术将各类设备、传感器和设施连接到互联网，实现了设备之间的实时通信和数据共享，从而为高校实现财务预算的实时监控提供了创新策略。

（一）实时设备监控与支出追踪

在高校的设施维护方面，物联网传感器可以被应用于监测各类设备的使用情况和维修状态。例如，校园内的暖通空调系统可以装备传感器，实时监测温度、湿度、能耗等参数，并将数据传输到中央系统。这些数据可以与财务预算编制的设备维护费用进行对比，高校管理层可以随时了解设备维护支出是否偏离预算计划。如果某项支出异常增加，系统会自动发出警报，

提醒相关部门进行检查和调整，从而实现了对支出的实时追踪和控制。

（二）能源消耗监控与节能措施

物联网技术也为高校的能源消耗监控提供了新的手段。各类用电设备和能源计量器可以连接到物联网系统，实时上传用电量和能源消耗数据。通过数据分析，高校管理层可以了解每个时段的能源消耗情况，识别出能源浪费的问题。例如，图书馆在夜间可能存在用电过渡的情况，通过物联网技术，系统可以监控并识别这种情况，并向管理层提供数据报告，促使高校采取相应的节能措施，控制能源开支。

（三）资源管理与调整优化

除了设备和能源，物联网技术还可以用于对高校资源的实时管理和调整。图书馆、实验室、教室等资源可以装备传感器，实时监测其使用情况。例如，图书馆的座位使用情况可以通过传感器获取，管理层可以根据实时数据调整座位布局，以提高资源利用率。这种实时资源管理和调整可以避免资源浪费，确保资源的最优分配，从而在预算执行中实现更有效的支出控制。

通过实时数据的追踪和分析，高校可以更好地掌握支出情况，减少浪费，优化资源分配，从而实现财务预算的有效控制。这不仅有助于提高支出效率，还为高校的可持续发展提供了有力的支持。

二、数据挖掘技术在财务预算执行与控制中的应用

数据挖掘技术的应用为高校财务预算的执行与控制提供了强大的分析工具和洞察策略。通过深入挖掘大量财务数据，高校可以揭示出数据中隐藏的模式、趋势及潜在的关联关系，从而为预算执行和控制提供更加精确的信息支持和决策依据。

（一）分析支出结构和影响因素

通过数据挖掘技术，高校可以对历史支出数据进行分析，识别出支出结构中的关联性和影响因素，例如，可以分析不同支出项目之间的相互影响，以及外部因素如通货膨胀、市场竞争等对支出的影响。这种分析有助于高校更好地理解支出的构成，为预算执行制定更加合理的策略，以应对不同的情况和变化。

（二）异常检测与风险预测

数据挖掘技术可以用于实时监测预算执行情况，发现异常情况并进行警示。通过建立预算执行模型，系统可以根据历史数据和规律，预测预算执行的正常范围，并对实际执行数据进行实时对比。一旦出现支出超出预算范围的情况，系统会发出警报，通知相关部门采取措施，避免进一步的超支。此外，数据挖掘技术还可以根据历史数据和趋势，预测潜在的支出风险，为预算控制提供更准确的预警和预测，从而帮助高校及时制定相应的应对策略。

（三）优化决策和调整

数据挖掘技术能够帮助高校优化预算执行决策和调整。高校分析不同支出项目的历史数据，可以了解哪些项目的支出容易超出预算，哪些项目的支出可以进一步优化。基于这些分析结果，高校可以调整预算分配方案，合理分配资源，从而实现更有效的预算控制。此外，数据挖掘技术还可以基于预算执行的实际数据，为高校提供持续的反馈和建议，帮助决策者做出更

明智的预算调整和优化决策。

数据挖掘技术在财务预算执行与控制中的应用提高了高校更深入分析和预测的能力。通过分析支出结构、异常检测、风险预测以及优化决策，高校能够更好地掌握支出情况，提高预算的执行效率和准确性，从而实现更有效的财务预算管理。

三、利用信息技术优化预算执行决策与调整

在高校财务预算的执行与控制中，信息技术为优化预算执行决策与调整提供了强大的支持，通过建立决策支持系统，高校管理层能更科学地进行决策和调整，以实现更有效的财务预算管理。

（一）建立决策支持系统

信息技术可以支持高校建立决策支持系统，通过整合财务数据、市场情报和内外部环境数据，系统可以为管理层提供全面的决策信息。这样的系统可以根据不同的预算方案，模拟预算执行的情况，并对不同方案的风险、收益和影响进行评估。例如，当高校面临预算调整决策时，系统可以基于实际数据和预测模型，分析各种方案的可能结果，帮助管理层选择最佳方案。

（二）数据驱动的决策

信息技术支持下，决策过程更加需要数据驱动。决策支持系统可以基于历史数据和趋势分析，预测不同预算方案的影响。例如，高校可以根据过去几年的支出数据和学生人数变化，预测未来的支出趋势，从而制定更准确的预算方案。这种数据驱动的决策方式有助于避免主观判断的影响，提高决策的科学性和准确性。

（三）实时反馈与调整

信息技术使得预算执行的实时监控成为可能。决策支持系统可以根据实际执行数据，实时生成预算执行报表和分析结果。如果出现超支情况或异常情况，系统会立即发出警报，提醒管理层采取措施。这种实时反馈机制使得高校能够快速做出调整，及时应对预算执行的变化和挑战。

（四）案例：预算调整决策

举例来说，一所高校在学期中突然面临设备维修支出的增加。通过决策支持系统，管理层可以查看实际支出数据和维修情况，分析造成支出增加的原因。系统可以根据历史数据和维修趋势，预测未来维修支出的可能情况。基于这些分析结果，管理层可以做出是否调整预算分配的决策，以确保维修支出不超出预算范围。

信息技术为高校财务预算执行与控制中的优化决策与调整提供了创新策略。通过建立决策支持系统、数据驱动的决策和实时反馈机制，高校能够更科学地制定预算执行方案，及时作出调整，从而实现更有效的财务预算管理。

第四节　基于信息技术的高校财务预算评估与调整创新策略

在高校财务预算管理中，信息技术的应用不仅局限于财务预算编制和执行阶段，还涉及财务预算的评估与调整。

一、利用智能分析技术对财务预算实施效果进行评估

在高校财务预算管理中，智能分析技术为评估预算实施效果提供了创新的方法。这一策略基于信息技术，通过智能分析系统对实际执行数据与预算数据进行比较和分析，从而深入了解预算实施的成效和差异。

（一）建立评估模型

智能分析技术要求建立先进的评估模型，该模型应考虑到高校特有的需求和预算结构。这可以包括历史数据、预算指标、部门支出、项目分配等因素。通过对这些数据进行整合和处理，系统可以建立一个多维度的评估模型，用于比较预算与实际执行情况之间的差异。

相关人员需要整合来自各个部门和系统的预算数据和实际执行数据。这可以通过建立数据接口或使用数据集成工具来实现。同时，由于数据质量可能存在问题，预处理步骤如数据清洗、异常值处理和数据转换等也是不可忽视的。只有经过充分准备的数据才能准确地进行智能分析。

（二）对比分析与差异识别

一旦建立了评估模型并准备好了数据，智能分析系统可以进行对比分析，将预算数据与实际执行数据进行比较。通过比较不同支出项目的实际值和预算值，系统可以识别出差异，包括超支、低于预算和适中等情况。

智能分析系统可以通过自动化算法和模式识别技术，自动识别出与预算相比的差异。例如，如果某个部门的支出超出了预算，系统可以自动触发警报，通知相关管理人员。这使得问题可以及时被发现，而不需要手动检查和比对数据。

（三）自动生成分析报告

智能分析系统还可以生成详细的分析报告，用于直观地展示预算实施效果。这些报告可以包括图表、图形和可视化数据，帮助管理层更好地理解财务预算执行的情况。报告可以分析不同支出项目的差异、趋势及影响因素，为管理层提供深入的信息支持。

报告中可以设定一些关键的财务预算执行绩效指标，如预算执行率、超支比例、支出变动趋势等。通过这些指标的分析，管理层可以了解哪些领域的预算执行较为顺利，哪些领域可能存在问题，从而有针对性地制定调整策略。

（四）实施效果评估和调整策略制定

利用智能分析技术进行预算实施效果评估，高校管理层可以更加客观地了解财务预算执行的情况，以便做出更明智的决策。如果在评估中发现了财务预算执行方面的问题，管理层可以根据分析结果制定相应的调整策略，以确保财务目标的实现。

1. 智能建议和优化策略

一些智能分析系统具备智能建议和优化功能，它们可以根据分析结果和模拟方案，提供调整建议。例如，如果某项支出超过预算，系统可以基于历史数据和趋势，提供不同的调整方案，帮助管理层选择最合适的策略。

2. 基于实际数据的决策

智能分析技术所提供的评估报告和建议，是基于实际数据和深入分析的。这使得管理层能够更加信任和依赖这些信息，从而作出更明智的财务决策。这种决策方式能够更有效地优化预

算的分配，提高预算的使用效率和促进财务目标的实现。

（五）实例展示：利用智能分析技术优化预算执行效果

某高校在财务预算编制中设置了各项支出的预算限额，其中包括设备购置、教育培训、人员薪酬等。通过智能分析技术，系统分析了实际执行数据与预算数据之间的差异，发现在设备购置方面，实际支出超出了预算，而在教育培训方面，实际支出低于预算。系统自动生成了一份分析报告，显示了这些差异的具体情况和影响因素。同时，系统还提供了一些建议，比如调整设备采购策略以控制支出，增加教育培训投入以提升教职工的能力。

根据这份报告，高校管理层得以深入了解不同领域的预算执行情况。在设备购置方面，管理层决定对设备采购流程进行再审查，以防止超支情况的再次发生。而在教育培训方面，管理层则增加了培训预算，以确保教职工的培训需求得到充分满足。

这个实例展示了如何利用智能分析技术评估预算实施效果，并根据分析结果制定相应的调整策略，以优化预算的执行效果。

二、基于信息技术的高校财务预算调整与灵活应对

在高校财务预算管理中，信息技术为实现灵活的预算调整和应对不同情况提供了新的途径。这一创新策略基于实时监控和数据分析，使高校能够更加敏捷地进行预算调整，以适应变化的内外部环境。以下是该策略的详细拓展：

（一）实时监控预算执行情况

信息技术使得高校能够实时监控各项支出的执行情况。通过与财务系统的数据链接，管理层可以随时了解各部门的实际支出、预算消耗情况，以及与预算目标的偏离程度。这种实时监控能够帮助管理层快速发现异常情况和潜在风险，从而及时采取应对措施。通过数据可视化技术，高校可以将实时的预算执行数据以图表、仪表盘等形式展示出来。例如，一个实时预算仪表盘可以显示不同部门的支出情况、预算执行进度及可能的超支情况。这使得管理层能够一目了然地了解整体预算状况，以便更好地把握财务情况。

1. 数据链接与实时监控

（1）数据整合与连接

信息技术通过建立数据链接，将高校的财务系统与预算管理系统相互关联起来。这样一来，各部门的支出、收入、预算等信息可以实时传输到系统中，构建起一个实时数据流。

（2）实时数据更新

通过数据链接，实时数据更新变为可能。一旦财务数据发生变动，系统会自动更新相应的预算执行情况。这种实时数据更新使管理层能够随时查看最新的财务状况，及时作出决策。

2. 异常情况的快速发现与应对

（1）预警机制

实时监控预算执行情况的一个重要作用是建立预警机制。系统可以设定预算执行的阈值，一旦某项支出超过设定值，系统会自动触发预警，通知相关责任人进行处理。

（2）数据分析与异常检测

通过实时监控，系统可以进行数据分析，检测异常情况。例如，如果某个部门的支出突然

增加，系统可以自动识别出这一异常情况，并通知管理层进行核实。

3. 数据可视化展示

（1）实时预算仪表盘

数据可视化技术可以将实时的预算执行数据以仪表盘的形式呈现出来。仪表盘可以包括预算执行进度、各部门支出、剩余预算等指标。这使得管理层能够一目了然地了解预算的整体情况。

（2）图表与图形展示

除了仪表盘，数据可视化技术还可以通过图表、图形等形式展示实时数据。例如，柱状图可以展示不同部门的支出情况，折线图可以显示预算执行趋势，从而帮助管理层更好地理解数据。

（二）数据分析识别问题和趋势

借助信息技术，高校可以进行更深入的数据分析，识别财务预算执行中的问题和趋势。通过对历史数据和当前数据的分析，系统可以发现支出异常、部门消费模式变化等情况。例如，某个部门的支出在某段时间内呈现明显上升趋势，可能意味着存在潜在的问题，需要进行进一步调查和干预。

1. 历史数据分析

（1）数据清洗与整合

在进行数据分析之前，高校需要对历史数据进行清洗和整合。这包括数据去重、缺失值处理等，确保数据的准确性和完整性。

（2）数据探索与可视化

通过数据可视化技术，高校可以探索历史数据的分布、趋势等情况。例如，绘制支出的时间序列图可以揭示支出的季节性变化和趋势。

2. 问题识别与预警机制

（1）异常检测

借助数据分析，系统可以进行异常检测，识别出支出中的异常情况。例如，某个月份的支出明显超出历史平均水平，可能暗示存在异常。

（2）预警机制的建立

系统可以根据历史数据的波动范围和规律，设定预警阈值。当某项支出超过预设阈值时，系统会自动发送警报，通知相关责任人及时处理。

3. 走势预测与规划

（1）时间序列分析

通过时间序列分析，系统可以揭示支出的周期性变化和趋势。这有助于高校更好地预测未来支出的走势。

（2）预测模型建立

基于历史数据和趋势，系统可以建立预测模型，例如 ARIMA、指数平滑等。这些模型可以预测未来支出的变化情况。

（三）模拟不同调整方案

信息技术为高校提供了模拟不同调整方案的能力。当出现预算超支或其他问题时，管理层可以借助系统进行模拟，尝试不同的预算调整策略。系统可以根据历史数据和趋势预测，模拟出不同方案的财务预算执行情况，帮助管理层了解不同策略的可能影响。

1. 模拟技术的应用

（1）历史数据分析

信息技术允许高校利用历史数据进行模拟分析。通过对历史财务预算执行数据的深入分析，系统可以识别出各项支出的变化趋势和关联性。

（2）趋势预测模型

基于历史数据，系统可以建立走势预测模型，用以预测未来支出的变化趋势。这些模型可以利用机器学习算法，如回归分析、时间序列分析等，预测未来支出的可能走势。

2. 不同调整方案的模拟

（1）预算削减方案

通过模拟预算削减方案，高校可以评估在不同预算限制下的支出情况。例如，如果预算被削减了 10%，系统可以模拟在这个限制下各个部门的支出情况，以及可能的影响。

（2）资源重新分配方案

高校可以尝试模拟资源重新分配方案，将预算从一个部门转移到另一个部门。通过分析历史数据和部门之间的关联性，系统可以模拟不同资源分配方案的效果。

3. 模拟评估和决策支持

（1）财务预算执行情景模拟

系统可以根据历史数据和趋势预测，模拟不同的财务预算执行情景。例如，模拟未来一年内的财务预算执行情况，以及在不同情况下的支出变化。

（2）影响分析和决策支持

通过模拟不同调整方案，高校可以分析不同方案对财务目标的影响。系统可以为每种方案生成财务预算执行报告，详细说明各项支出的变化和可能的风险。

（四）实施调整决策

当高校需要进行财务预算调整时，信息技术能够帮助管理层更快速地做出决策。基于实时数据和分析结果，管理层可以更准确地判断何时、在哪些部门及以何种方式进行预算调整，以最大程度地实现财务目标。例如，在某高校中，系统分析表明某学院的研究经费支出超出预算，管理层可以通过信息技术系统模拟不同的调整方案，例如减少一些低优先级项目的支出，以保持整体预算平衡。这种迅速的决策能够使高校更加灵活地应对财务预算执行中的挑战。

1. 实时数据支持决策

（1）数据可视化工具和仪表盘

信息技术的数据可视化功能可以将实时的财务预算执行数据以图表、仪表盘等形式展示出来。管理层可以随时访问这些可视化工具，了解各项支出的状态、预算消耗情况及超支情况。这种实时数据的展示使管理层能够更准确地判断预算执行的情况。

（2）数据分析和预测

基于数据分析和预测模型，系统可以为管理层提供关键指标的变化趋势和预测结果。例如，系统可以预测下一个季度的支出变化趋势，帮助管理层作出相应的预算调整决策。

2. 模拟评估支持决策

（1）多种方案模拟

信息技术允许高校在预算调整前模拟多种方案。管理层可以通过系统尝试不同的预算调整方案，了解每种方案的可能影响和效果。

（2）影响分析和报告

每个模拟方案都可以生成详细的影响分析报告。这些报告可以包括不同部门的支出变化、预算执行进度、可能的超支情况等信息。这为管理层提供了基于数据的决策支持。

（五）实例展示：利用信息技术优化预算调整策略

以某高校为例，该校在财务预算执行过程中发现某个专业实验室的设备维护费用超出了预算。经过实时监控和数据分析，系统确定了该实验室的设备故障频繁，维护成本高昂。基于分析结果，管理层通过信息技术进行模拟，提出了两种调整方案：方案一是加强设备维护，减少未来维护支出；方案二是逐步更新设备，降低长期维护成本。

通过信息技术模拟，系统分析了两种方案的预算执行情况。方案一的优势在于短期内可以减少维护支出，但可能需要增加投入以改进设备状态。方案二则需要更大的初始投资，但长期维护成本较低。通过模拟结果，管理层得以更好地权衡两种方案的利弊，最终决定采取方案二，以实现长远的财务目标。

三、新兴技术在财务预算管理中的角色与优势

在高校财务预算管理中，新兴技术如区块链和物联网等正逐渐展现出重要的作用，为财务预算管理提供了全新的方式和更高的效率。这些技术在数据安全性、透明度、资产管理等方面发挥着关键的作用。

（一）区块链技术的作用与优势

区块链技术作为一种分布式、不可篡改的数据存储和传输方式，为财务预算管理带来了诸多优势，强化了数据安全、透明度和智能化。

1. 数据安全和防篡改

（1）去中心化架构

区块链采用去中心化的架构，数据分布在多个节点上，而不是集中存储在单一服务器。这种架构降低了单一攻击点的风险，使得数据更难受到恶意攻击。

（2）不可篡改性

区块链上的数据一旦被写入，就无法被修改或删除。每个数据块都包含前一个数据块的哈希值，构成了一个连续的、不可分割的数据链。这确保了数据的完整性和真实性，防止了数据被篡改。

（3）数字签名技术

区块链使用数字签名技术对交易和数据进行验证。数据在写入区块链前会被加密并附带数

字签名，只有持有私钥的用户才能修改数据。这提供了数据的身份认证和安全保障。

2. 透明度和可追溯性

（1）数据公开性

区块链上的数据是公开可见的，每个参与者都可以查看数据的变动历史。这种透明度降低了信息不对称的问题，增强了参与者对数据的信任。

（2）数据可追溯性

每笔交易和数据变动都被记录在区块链上，并且无法删除。这意味着任何数据变化都可以被追溯到源头，有助于审计和调查。

3. 智能合约的应用

（1）自动执行

智能合约是一种基于区块链的自动化执行机制。财务预算管理中，特定的预算执行条件可以被编码成智能合约，一旦满足条件，合约会自动执行相应的预定操作，如预算调整、通知等。

（2）去除中间商

智能合约在财务预算执行过程中去除了中间商的角色，也实现了自动化的执行和触发。这有助于减少人为干预的风险和成本。

（3）程序性灵活性

智能合约的编程性质使得财务预算执行可以根据不同的条件和事件进行自动化处理。例如，在特定事件发生时，智能合约可以自动进行预算调整，无需人工干预。

（二）物联网技术的作用与优势

1. 实时资产监控

（1）传感器网络

物联网技术通过部署传感器网络，实现了高校内各类设备和资产的实时监控。传感器可以收集设备的运行状态、温度、湿度等信息，将这些数据传输到中央系统进行分析和处理。

（2）远程监测与控制

基于物联网技术，管理层可以远程监测和控制设备的运行情况。举例来说，高校可以实时查看教室的空调使用情况，根据需要进行远程调整，以提高能源效率并降低能耗。

（3）设备维护和管理

物联网技术还可以提供设备维护和管理的数据支持。设备故障或维护需求时，传感器能够自动发送警报，通知维护人员进行及时处理，从而减少停机时间和维修成本。

2. 资源优化和节约成本

（1）能源管理

物联网技术可应用于能源管理领域，例如监测电力、水资源的使用情况。通过实时监测能源消耗，高校可以发现能源浪费问题，采取相应的措施进行优化，以节约能源成本。

（2）场地利用

物联网技术能够实时监测教室、办公室等场地的使用情况。管理层可以了解场地的实际利用率，优化场地的分配，避免资源浪费，提高使用效率，从而降低不必要的预算支出。

3. 预测和规划

（1）数据分析与趋势预测

物联网所收集的大量数据可以通过数据分析和机器学习算法进行处理。通过分析历史数据，系统可以预测资源使用的趋势，为高校提供未来财务预算编制的参考依据。

（2）预算调整策略

基于趋势预测，高校可以制定更精准的预算调整策略。例如，如果数据显示某一资源的使用量在逐年增加，管理层可以提前调整预算分配，确保足够的资金支持。

（三）实例展示：区块链与物联网在高校财务预算管理中的应用

某大学在财务预算管理中引入了区块链技术和物联网技术，取得了显著的效果。该大学利用区块链技术建立了预算数据的链式存储系统，确保预算数据的真实性和安全性。每一笔预算变动都被记录在区块链上，管理层可以随时查阅，从而确保财务预算执行的透明度。

同时，该大学还在校园内部署了物联网传感器，用于监测教室的使用情况。通过连接到教室的传感器，系统能够实时记录教室的使用频率、时间段等信息。基于这些数据，管理层可以更好地了解教室的利用情况，优化课程安排，从而更有效地进行预算规划和分配。

四、智能算法在财务预算编制中的应用与效果评估

智能算法在财务预算编制中的应用可以提升预算的准确性和效率。通过对历史数据和趋势进行分析，系统可以运用机器学习算法预测未来支出的走势，并生成不同的预算方案。高校可以通过对这些方案进行模拟和评估，找出最符合财务目标的预算策略。同时，智能算法还可以根据实际执行情况动态地优化预算分配，从而实现更加精准的预算控制。这种智能算法的应用能够使高校的财务预算编制更加科学和灵活。

（一）历史数据分析和趋势预测

利用智能算法进行历史数据分析和趋势预测是高校财务预算管理的关键环节之一。通过数据挖掘和特征提取，以及建立走势预测模型，高校能够更精确地预测未来的支出走势，为财务预算编制和调整提供科学依据。

1. 数据挖掘和特征提取

（1）数据清洗与准备

在历史数据分析首先需要对数据进行清洗和准备。这包括处理缺失值、异常值和重复值等，确保数据的质量和完整性。清洗后的数据才能用于后续的数据挖掘和分析。

（2）特征选择与提取

数据挖掘的目标是从大量数据中发现有价值的信息，通过特征选择和提取，可以将数据中与预算影响密切相关的特征筛选出来。这些特征可能包括时间因素、经济指标、部门间的关联等。特征提取能够帮助算法更准确地捕捉财务预算执行的影响因素。

2. 走势预测和模型建立

（1）时间序列分析

时间序列分析是一种常用于预测时间相关数据的方法。通过对历史财务预算执行数据的时间模式进行分析，可以捕捉到季节性、周期性等趋势。ARIMA（自回归移动平均模型）等时间

序列模型可以用来预测未来支出的走势。

（2）回归分析

回归分析可以用来建立预算支出与影响因素之间的关系模型。通过历史数据中的特征，可以建立回归模型来预测不同因素对财务预算执行的影响程度。多元回归、岭回归等方法可以用来分析多个因素对预算的综合影响。

（3）机器学习算法

除了传统的统计方法，机器学习算法也在预算趋势预测中发挥着重要作用。例如，支持向量机（SVM）、随机森林、神经网络等机器学习算法可以通过学习历史数据的模式，预测未来的支出趋势。

（4）模型评估与优化

建立预测模型后，需要对模型进行评估和优化。利用历史数据中的一部分进行模型训练，然后使用另一部分进行测试，评估模型的预测精度。根据评估结果，智能算法可以对模型进行调整和优化，提高预测的准确性。

（二）多方案生成与模拟评估

1. 多方案生成与模拟评估

在高校财务预算管理中，利用智能算法进行多方案生成和模拟评估是一个重要的策略。通过生成多种可能的预算方案，并对其进行模拟评估，管理层能更好地理解不同方案的效果和影响，从而做出更为明智的决策。

（1）调整策略的多样性

智能算法可以根据不同的预算调整策略生成多种可能的方案。这些调整策略可以包括减少某些支出、优化资源分配、调整部门间的预算比例等。每种策略都可能对财务预算产生不同的影响。

（2）情景的考虑

除了不同的调整策略，算法还可以考虑不同的情景，如经济增长、紧急项目投入等。这些情景会影响到预算的实际执行情况，因此在生成预算方案时需要进行综合考虑。

2. 模拟评估和结果分析

（1）模拟过程

智能算法通过对生成的各种预算方案进行模拟，模拟出各个方案在未来一段时间内的执行情况。模拟可以基于历史数据和预测模型，考虑各种因素对预算的影响，如市场变化、资源利用率等。

（2）效果评估指标

模拟评估可以使用一系列指标来衡量每项预算方案的效果。这些指标可以包括财务指标如预算盈余、成本控制率，以及非财务指标如资源利用率、部门满意度等。

（3）结果对比和分析

通过对比不同预算方案的模拟结果，智能算法可以帮助高校管理层更好地理解每种方案的优势和劣势。算法可以将不同方案的模拟结果可视化展示，从而使决策者能够更直观地比较各个方案的影响。

（三）动态优化和实时调整

在高校财务预算管理中，动态优化和实时调整是确保财务预算执行的灵活性和准确性的关键策略。智能算法的应用使得预算可以根据实际情况进行动态调整和优化，以更好地实现财务目标。

1. 实时数据监测

（1）数据源的连接

为了实现实时调整，智能算法需要与各个数据源进行连接，以获取实时的财务预算执行数据。这可能涉及财务系统、人力资源系统等多个系统的数据整合。

（2）阈值设定与触发

智能算法可以设定财务预算执行的阈值，一旦某项指标超出阈值，系统会自动触发调整机制。例如，当某个部门的支出超出预算的一定比例时，系统会发出警报并启动智能算法进行预算调整。

2. 动态预算控制

（1）预算重新分配

基于实际数据，智能算法可以重新分配预算，将更多资源调拨给支出较大的部门，以平衡各部门之间的预算使用情况。这有助于保持整体预算的稳定。

（2）策略的调整

智能算法可以根据实际情况调整预算分配策略。例如，如果某个部门的项目进展较快，可能需要额外的预算支持，算法可以自动将预算从其他部门进行调配。

（四）实例展示：智能算法在高校财务预算编制中的应用

某大学在财务预算编制过程中引入了智能算法，取得了显著的效果。该大学利用历史财务预算执行数据，建立了时间序列预测模型。通过分析过去几年的支出数据，模型可以预测未来几个学期的支出趋势。基于模型的预测结果，系统生成了多个预算方案，分别考虑了不同的调整策略。

例如，模型预测到未来两个学期的研究经费支出可能会有明显增加。系统生成了两个方案：方案一在研究经费方面适当增加预算，以满足研究项目的需求；方案二则在其他支出方面进行适度削减，以保持整体预算平衡。通过模拟评估，管理层发现方案一可能会影响其他部门的正常运转，而方案二则能够更好地保持整体预算的稳定。

五、数据可视化技术在财务预算管理中的实践应用

数据可视化技术在高校财务预算管理中发挥着重要作用，通过将复杂的财务数据转化为直观的图表、图形和仪表盘，管理层更容易理解和分析预算执行情况。这种可视化方式有助于实时监控和及时决策，从而更好地控制财务预算执行。

（一）数据可视化工具的选择与建设

数据可视化工具在财务预算管理中扮演着至关重要的角色，它们能够将抽象的财务数据转

化为易于理解的可视化形式数据，为决策提供直观的支持。

1. 工具选择与集成

（1）适用工具的选择

在选择合适的数据可视化工具时，高校需要考虑多个因素，包括工具的功能、易用性、灵活性和成本等。常见的数据可视化工具包括：

a.Tableau

Tableau 是一款功能强大的数据可视化工具，具有丰富的图表选项和互动性功能，可以创建各种类型的图表和仪表盘。

b.Power BI

Power BI 是微软推出的数据可视化工具，与其他 Microsoft 产品集成紧密，适用于对 Microsoft 生态系统有依赖的高校。

c.D3.js

D3.js 是一个基于 JavaScript 的开源库，适用于那些希望在数据可视化方面有高度定制性和灵活性的高校。

（2）工具集成与数据源连接

高校在选择数据可视化工具时，需要确保工具能够与现有的财务系统、数据库及其他数据源进行有效集成。这要求数据可视化工具能够连接不同类型的数据源，并支持实时数据更新。

a. 数据集成

数据可视化工具应能够连接多种数据源，包括数据库、电子表格、API 等。这样，高校可以从不同来源汇总数据，为财务预算执行提供全面的信息。

b. 实时数据更新

为了确保可视化展示的数据与实际情况保持一致，工具需要支持实时数据更新。高校可能需要开发数据接口或 API，以保证数据的实时传输和更新。

（3）用户培训与技能发展

选定合适的数据可视化工具后，高校应确保员工具备操作这些工具所需的技能。这可以通过培训课程、在线资源和培训工作坊来实现。

a. 培训课程

高校可以邀请专业培训机构或工具供应商提供培训课程，以帮助员工快速掌握工具的使用技巧。

b. 在线资源

数据可视化工具通常提供丰富的在线文档、视频教程和社区支持，员工可以通过这些资源自学。

2. 数据源整合与连接

（1）数据源整合策略

在建设数据可视化系统时，高校需要制定数据整合策略，确保各个数据源能够无缝地连接到可视化工具。这包括：

a. 数据清洗

首先，需要对数据进行清洗和预处理，以确保数据的准确性和一致性。

b. 数据转换

对于来自不同数据源的数据，可能需要进行格式转换、标准化等操作，以便于在可视化工具中进行统一展示。

c. 数据接口设计

高校可能需要开发数据接口或 API，以便数据能够在财务系统和可视化工具之间进行实时传输。

（2）数据质量保障

在数据源整合和连接过程中，数据质量是一个关键问题。高校需要采取措施来确保数据的准确性、完整性和可靠性。

a. 数据验证

在数据传输过程中，应该设立验证机制，确保数据没有遗露或损坏。

b. 数据监控

定期监控数据源，及时发现并解决数据质量问题，以避免影响数据可视化的准确性。

（3）数据安全与隐私保护

在建设数据可视化系统时，高校需要重视数据安全和隐私保护。这涉及数据在传输、存储和展示过程中的安全性。

a. 加密传输

数据在传输过程中应该使用加密技术，以防止数据被未经授权的人员窃取。

b. 访问控制

确保只有经过授权的人员可以访问敏感数据，限制数据的访问权限。

（二）财务预算执行状态的实时监测

财务预算执行状态的实时监测对于高校的财务预算管理至关重要。通过数据可视化技术，特别是仪表盘展示和实时数据更新，高校能够更有效地实现对财务预算执行状态的实时监测和管理。

1. 仪表盘展示

（1）关键指标呈现

仪表盘是数据可视化的核心，能够将大量的财务数据以图表、数字等形式直观地展示出来。在高校的财务预算管理中，仪表盘可以呈现一系列关键指标，如预算执行进度、实际支出、各部门预算分配等。这些指标的展示能够让管理层一目了然地了解财务情况，及时做出决策。

（2）图表和可视化效果

仪表盘可以包含多种图表和可视化效果，以适应不同管理层成员的需求。柱状图、折线图、饼图等可以用来展示财务预算执行的分布和趋势，热力图和地图可以用来呈现不同地区或部门的支出情况。这些图表的多样性能够更全面地描绘财务预算执行状态。

2. 实时数据更新

（1）数据源集成

为了实现财务预算执行状态的实时监测，高校需要确保数据源能够与数据可视化工具实现有效集成。财务系统、数据库、API 等数据源需要能够及时地将数据传输到可视化工具中。

（2）自动化数据更新

数据可视化工具应当支持自动化的数据更新机制。一旦数据源中的数据发生变化，工具可以自动地更新仪表盘中的展示内容。这种自动化能够保证展示的数据始终与实际情况保持一致。

（3）实时监测与决策

通过实时数据更新，管理层能够实时监测财务预算执行状态的变化。如果出现预算超支或其他异常情况，管理层可以立即得知，并采取相应的措施，如调整支出计划、重新分配预算等。这种实时监测能够帮助高校更迅速地应对财务风险。

（三）异常情况的快速发现与应对

在高校财务预算管理中，异常情况的快速发现与应对是确保财务预算执行效果的关键。数据可视化技术通过预警机制的设立和数据对比分析，能够帮助高校管理层及时察觉异常情况并采取必要的措施。

1. 预警机制的设立

（1）预警指标的设定

预警机制是一种重要的风险管理手段，能够在指定条件满足时自动触发警报通知。高校可以设定一系列预警指标，如部门支出超出预算的比例、特定支出项目的异常增长等。当这些指标超过预设的阈值时，系统会自动发送警报通知相关责任人，以便及时采取措施。

（2）预警通知的多样性

预警通知可以通过多种方式进行，如电子邮件、短信、移动应用等。这样管理层可以在不同情境下及时收到预警信息，以便及时作出决策。

（3）实时监测与快速响应

通过预警机制，管理层能够实时监测财务情况，及时发现异常情况。当财务预算执行出现偏差或异常时，责任人可以迅速响应，采取措施遏制问题扩大，确保财务预算的有效执行。

2. 数据对比分析

（1）时间段对比分析

通过将不同时间段的数据进行对比分析，管理层可以发现异常情况或趋势变化。例如，对比不同月份或季度的财务预算执行数据，如果出现不正常的波动，就能引起警觉。

（2）部门间对比分析

对不同部门之间的预算执行情况进行对比分析，也能帮助管理层发现异常情况。如果某个部门的支出远远超过其他部门，高校就需要进一步调查是否存在不合理的支出行为。

（3）数据趋势分析

利用数据趋势分析，高校可以观察财务预算执行的长期趋势，从而判断是否存在异常情况。例如，如果某项支出呈现持续增加的趋势，管理层就需要审查是否符合预算策略。

（4）数据异常点检测

数据可视化技术可以通过检测异常点来帮助发现异常情况。例如，使用统计方法或机器学习算法，可以识别出与其他数据点偏离较大的数据，从而发现潜在的异常情况。

（四）实例展示：数据可视化工具在高校财务预算管理中的应用

某高校引入数据可视化工具，将财务预算执行情况以图表和仪表盘的形式展示给管理层。仪表盘可以实时查看各部门的预算使用情况、执行进度及剩余预算。通过颜色标识，绿色表示在预算范围内，红色表示超支，黄色表示临近预算上限。

在一次预算会议上，管理层注意到一个部门的支出图表呈现出急剧增长的趋势。通过数据可视化工具，他们进一步分析发现，这个增长主要集中在某个特定项目上。经过讨论，他们决定对该项目的支出进行临时限制，以避免超支情况的进一步恶化。

六、人工智能技术在财务预算评估中的应用与前景展望

人工智能技术在财务预算评估中具有广阔的应用前景。通过自然语言处理技术，高校可以分析与财务预算相关的大量文本数据，了解公众的舆论和反馈，从而更准确地评估预算实施的效果。此外，人工智能技术还可以用于情感分析，从员工和学生的言行中识别出对财务预算执行的态度和意见，帮助管理层更全面地了解实施的影响。人工智能技术的应用有望进一步提升财务预算评估的精度和深度。

（一）人工智能技术在财务预算评估中的应用与优势

1. 自然语言处理技术的应用

（1）舆情分析

人工智能技术可以利用自然语言处理技术，对社交媒体、新闻报道等大量文本数据进行分析，了解公众对高校财务预算实施的看法和态度。这种舆情分析可以帮助高校更准确地评估财务预算政策的受欢迎程度，从而做出更有针对性的调整。

（2）反馈收集与分析

通过自然语言处理技术，高校可以收集员工、学生和其他相关利益方的反馈意见。这些意见可能包括对预算分配的满意度、建议和意见等。人工智能技术可以分析这些意见的关键词和情感倾向，帮助管理层了解实施效果及可能存在的问题。

2. 情感分析的应用

（1）员工和学生态度分析

人工智能技术可以分析员工和学生的言行，了解他们对财务预算执行的态度和情感，例如，通过分析社交媒体帖子、内部沟通记录等，可以识别出积极、消极和中立的情感。这些情感分析可以帮助管理层更全面地了解财务预算实施的影响。

（2）情感趋势分析

通过持续的情感分析，人工智能技术可以发现员工和学生情感的变化趋势。例如，在预算调整后，情感是否发生了变化，以及这种变化是否持续。这有助于高校更早地察觉潜在的问题，并采取适当的措施进行调整。

（二）人工智能技术在财务预算评估中的前景展望

1. 深度学习与预测能力的提升

未来，随着深度学习等人工智能技术的不断发展，人工智能技术预测预算执行结果的能力将进一步提升。人工智能技术可以更准确地分析历史数据、趋势和影响因素，从而预测未来财务预算执行的结果。这将使高校能够更有信心地制订预算计划，并更好地应对不确定性。

2. 智能决策支持系统的应用

基于人工智能技术的智能决策支持系统将能够为高校管理层提供更全面的评估和决策建议。系统可以结合多种数据来源，包括财务预算执行数据、情感分析结果、市场趋势等，为管理层提供多角度的预算评估报告，并推荐最合适的调整策略。

3. 多情景模拟与决策优化

人工智能技术可以在预算评估中引入多情景模拟。通过模拟不同的情景，例如经济增长、支出波动等，高校可以更好地了解不同情况下的预算执行效果，并制定相应的应对策略。这将帮助高校在不同的市场环境中保持预算的稳健性。

（三）实例展示：人工智能技术在高校财务预算评估中的应用

某大学引入了一款人工智能驱动的财务预算评估系统。该系统使用自然语言处理技术，从社交媒体、学生反馈、新闻报道等渠道收集大量与财务预算实施相关的信息。通过情感分析，系统能够分析出公众对于预算政策的正面、负面和中立的情感倾向。此外，系统还分析员工和学生的言行，以识别出他们对预算实施的态度和意见。

在一次预算调整后，该系统发现社交媒体上的负面情感明显增加，员工和学生的言辞也表达出不满情绪。基于这些分析结果，管理层迅速召开会议，了解问题所在，并与相关部门进行沟通。通过人工智能技术系统的分析，管理层得以迅速响应，并采取措施缓解负面影响，从而更好地维护了财务预算实施的稳定。

第七章　高校财务预算管理人员能力培养策略

第一节　高校财务预算管理人员能力需求分析

一、变革背景下人员能力的新需求

（一）数字化转型和信息技术应用

随着信息技术的快速发展，高校财务预算管理正处于数字化转型的前沿。管理人员需要具备应对信息技术应用的能力，熟悉各种财务管理软件、数据分析工具及数据可视化技术。他们应当能够利用这些工具对财务预算执行情况进行实时监控和分析，从而更好地把握财务预算的实际情况，及时发现问题并作出调整。

1. 数字化转型的背景

随着信息技术的蓬勃发展，高校财务预算管理正处于数字化转型的前沿。传统的财务预算管理方式受限于手工处理和静态报表，难以适应变化多样的财务环境和需求。因此，管理人员需要迅速适应并应用信息技术来提升财务预算管理的效率和质量。

2. 信息技术应用的能力要求

在数字化转型背景下，财务预算管理人员需要具备广泛的信息技术应用能力。这包括熟悉各类财务软件、数据分析工具和数据可视化技术。他们应能灵活运用 Excel、财务管理系统、数据挖掘工具等，以及掌握 Tableau、Power BI 等数据可视化工具，将数据以图表、仪表盘等形式呈现，使数据更加直观和易于理解。

3. 实时监控和分析能力

财务预算管理人员需要具备实时监控和分析财务预算执行情况的能力。借助信息技术，他们能够实时获取预算数据，识别异常情况并做出及时调整。例如，管理人员可以利用数据可视化工具创建实时仪表盘，展示预算执行进度、支出情况、剩余预算等关键指标，帮助决策者全面了解预算状况。

（二）数据驱动的决策能力

新时代要求财务预算管理人员能够从大量的数据中提取有价值的信息，为决策提供支持。因此，他们需要具备数据分析和挖掘能力，能够通过数据识别出财务预算执行中的问题、趋势变化及潜在风险。这样的能力使得管理人员能够基于数据做出更准确的预算调整决策，提高财务预算管理的效率和精度。

1. 数据分析与挖掘能力

在变革背景下，财务预算管理人员需要具备数据分析和挖掘的能力，能够从海量数据中提取有价值的信息。他们应该掌握统计学、数据挖掘方法等，能够运用这些技能来分析历史财务预算数据、趋势变化等，从而发现问题、预测未来走势。

2. 信息解读与问题识别

管理人员需要能够准确解读数据，识别财务预算执行中的问题和趋势。例如，通过数据分析，他们可以发现某部门的支出在某一时段急剧增加，进而推测出可能存在的问题，并据此采取相应的财务预算调整措施。

3. 数据驱动的决策能力

在变革背景下，财务预算管理人员需要能够运用数据驱动的方法作出决策。他们应当善于从数据中提取洞察，基于数据制定预算调整策略，使决策更加科学、准确。

（三）跨部门合作和沟通能力

在变革背景下，高校财务预算管理不再仅限于财务部门，还涉及多个部门的合作和协调。管理人员需要具备良好的跨部门合作和沟通能力，能够与不同部门的同事协商、协调预算事宜，解决跨部门的预算冲突和问题。

1. 跨部门协调与合作

随着高校财务预算管理的复杂性增加，跨部门协调与合作成为管理人员的新需求。他们需要与各部门进行紧密合作，协调预算分配和执行，确保预算目标的实现。

2. 良好的沟通与协商能力

在变革背景下，财务预算管理人员需要能够与不同部门的同事进行有效的沟通和协商。他们应当具备清晰的表达能力，能够将复杂的财务数据以简洁的方式传达给非财务背景的人员，从而促进合作与决策的达成。

3. 解决跨部门问题与冲突

在财务预算管理过程中，可能会出现部门之间的问题和冲突。财务预算管理人员需要具备解决问题和协调冲突的能力，能够理解各部门的需求和利益，找到平衡点，达成共识。

二、适应新角色的综合素质要求

（一）预测与规划能力

在变革背景下，高校财务预算管理人员需要具备预测和规划的能力，能够根据趋势和数据预测未来的预算需求，为高校制定长期的财务规划提供支持。

1. 趋势分析与未来预测

在财务预算管理的新角色下，财务预算管理人员需要具备分析趋势和预测未来的能力。他们应当能够基于历史数据和市场情况，预测未来支出的趋势，从而为财务预算的合理规划提供依据。

2. 长期财务规划

新的角色要求财务预算管理人员不仅要关注当下，还要具备制定长期财务规划的能力。他们应当能够考虑高校未来发展方向和需求，制定与之相符的财务预算规划，以支持高校的可持续发展。

（二）创新思维和问题解决能力

新的变革环境下，可能出现许多新的挑战和问题，这需要财务预算管理人员具备创新思维和问题解决能力。他们应当能够从不同角度思考问题，寻找创新的解决方案，适应不断变化的情况。

1. 创新解决问题

在不断变化的环境中，财务预算管理人员需要具备创新思维和问题解决能力。他们应当能够审视传统的财务预算管理方法，提出创新性的解决方案，以适应新的挑战和需求。

2. 多维度分析

财务预算管理人员应当能够从多个维度分析问题，考虑不同因素的影响，从而找到更全面、更有效的解决方案。例如，在财务预算调整中，除了财务因素，还需要考虑人力资源、教学需求等因素。

（三）领导与团队协作能力

财务预算管理人员需要具备领导和团队协作的能力，能够引导团队有效执行预算策略，推动预算目标的实现。同时，他们还应当具备团队协作的能力，能够在团队中协调合作，共同完成财务预算管理任务。

1. 领导能力

适应新角色需要财务预算管理人员具备领导能力，能够引领团队朝着财务预算目标努力。他们应当能够设定明确的目标、分配任务、激励团队成员，确保财务预算策略的有效执行。

2. 团队协作

财务预算管理往往需要跨部门协作，财务预算管理人员需要具备良好的团队协作能力。他们应当能够在跨功能团队中协调合作，共同解决复杂的财务预算管理问题。

（四）敏锐的风险意识和应变能力

变革带来的不确定性和风险需要管理人员具备敏锐的风险意识和应变能力。他们应当能够迅速应对突发状况，调整财务预算策略，降低潜在风险对财务预算执行的影响。

1. 风险识别与评估

新的角色要求财务预算管理人员具备敏锐的风险意识，能够识别潜在的风险并进行风险评估。他们应当能够预测可能的风险影响，制定风险应对策略，减少风险对财务预算执行的影响。

2. 应变能力

变革环境中，情况可能会迅速变化，财务预算管理人员需要具备迅速应变的能力。他们应当能够在短时间内作出决策，调整财务预算策略，以适应新情况和挑战。

（五）法律法规知识和伦理意识

随着财务预算管理变得更加复杂，财务预算管理人员需要具备扎实的法律法规知识，确保财务预算管理的合规性。同时，他们还应当具备高度的伦理意识，能够在财务预算管理中维护公平、公正的原则。

1. 法律法规知识

财务预算管理人员需要熟悉相关的财务法律法规，确保财务预算管理的合规性。他们应当能够在财务预算制定和执行过程中遵守法律法规，防止出现违规行为。

2. 伦理意识与社会责任

财务预算管理人员应当具备高度的伦理意识，将公平、公正、诚信作为财务预算管理的原则。他们需要在财务预算调整中考虑各方利益，确保财务预算决策符合高校的社会责任。

（六）沟通与表达能力

在新的角色中，财务预算管理人员需要能够清晰地向各级管理层和团队成员传达财务预算情况、调整策略等信息。因此，良好的沟通与表达能力变得尤为重要。

1. 清晰表达

财务预算管理人员需要能够清晰地向上级管理层、同事及团队成员传达财务预算情况、调整策略等信息。良好的表达能力有助于更好地传递关键信息和决策意图。

2. 沟通协调

在新角色中，财务预算管理人员需要与不同背景、职能的人员进行沟通。他们应当具备协调沟通的能力，能够理解各方的需求和意见，化解潜在的冲突，以达成共识和合作。

（七）跨文化适应能力和国际视野

在高校国际化的背景下，财务预算管理人员需要具备跨文化适应能力和国际视野。他们可能需要与不同国家和文化背景的人员合作，了解国际财务预算管理的最佳实践。

1. 跨文化交流

高校财务预算管理越来越需要跨越国界和文化，因此财务预算管理人员需要具备跨文化交流的能力。他们应当了解不同文化之间的差异，善于倾听和理解来自不同文化背景的人员的意见和需求。

2. 国际财务知识

在高校国际化的背景下，财务预算管理人员需要了解国际财务预算管理的最佳实践和规范。他们应当关注国际财务趋势，学习国际财务管理的前沿理念，以便更好地适应国际化的财务预算管理需求。

财务预算管理人员需要在数字化转型和信息技术应用、数据驱动的决策能力、跨部门合作和沟通能力等方面不断提升自己。同时，他们还应当具备预测与规划能力、创新思维和问题解决能力、领导与团队协作能力、敏锐的风险意识和应变能力、法律法规知识和伦理意识、沟通与表达能力及跨文化适应能力和国际视野。这些综合素质要求将有助于管理人员在变革背景下更好地履行财务预算管理的新角色，有效应对各种挑战和机遇。

第二节　高校财务预算管理人员能力培养模式创新

一、跨学科培养模式的构建

财务预算管理作为一个综合性的领域，早已不再局限于传统的财务知识，而是需要涵盖多个学科领域的知识和技能。在变革不断的背景下，高校应该创新培养模式，将跨学科融合贯穿于财务预算管理人员的培养过程中，从而培养出具备综合素质的财务预算管理人才。

（一）跨学科融合

财务预算管理作为一个综合性的领域，涉及财务、数据分析、信息技术、战略规划等多个学科知识。因此，高校可以构建跨学科培养模式，将不同领域的知识融合进财务预算管理人员的培养中。例如，财务人员可以学习数据分析技能，信息技术人员可以了解财务管理原理，从而培养出更全面的财务预算管理人员。

1. 财务与数据分析

财务预算管理人员需要从数据中获取洞察，以支持决策制定。因此，将财务知识与数据分析技能相结合尤为重要。高校可以为学生提供数据分析课程，教授数据处理、统计分析和数据可视化等技能，使他们能够从海量数据中提取关键信息。

2. 财务与信息技术

信息技术在现代财务预算管理中扮演着重要角色。将财务和信息技术知识融合，可以培养出能够运用财务系统、数据库管理和信息安全技术的管理人员。高校可以设置信息技术课程，使学生熟悉数据库操作、网络安全和数据接口等技术。

3. 财务与战略规划

财务预算管理需要紧密结合高校的战略规划，以实现财务目标。将财务与战略规划知识融合，可以培养出具备战略眼光的管理人员。高校可以引入战略管理课程，教授战略制定、目标设定和绩效评估等内容。

（二）跨学科课程设置

高校可以设计跨学科的课程，涵盖财务、数据分析、信息技术、领导力等领域的知识。这些课程可以帮助学生了解不同领域的核心概念和方法，培养他们综合运用不同领域知识的能力。

1. 跨学科核心课程

高校可以设计跨学科核心课程，将财务、数据分析、信息技术和战略规划等领域的知识融合在一起。这些课程可以为学生提供综合性的学习体验，让他们能够深入理解不同领域之间的关联。

2. 实践项目课程

在跨学科培养模式中，实践项目课程是至关重要的一环。高校可以组织学生参与实际案例分析、跨部门合作项目，让他们在真实场景中应用所学知识，培养跨学科解决问题的能力。

（三）实际案例和项目

跨学科培养模式可以通过实际案例和项目来强化学生的综合能力。例如，学生可以参与跨部门合作的项目，从而在实际情境中运用跨学科知识解决问题，培养实际操作能力。

1. 跨学科案例学习

高校可以开设跨学科案例课程，选取实际财务预算管理案例，让学生跨领域进行分析和解决。通过讨论、分析和团队合作，学生可以全面了解财务预算管理问题的复杂性。

2. 跨部门合作项目

培养跨学科素质需要学生具备跨部门合作的能力。高校可以组织学生参与跨部门合作项目，让他们与来自不同学科背景的同学共同解决财务预算管理问题，培养团队协作能力。

通过跨学科融合、课程设置和实际案例项目的结合，高校可以培养出具备财务、数据分析、信息技术、战略规划等多领域知识的管理人才，使他们能够更好地应对复杂多变的财务预算管理挑战。

二、财务与领导力培养的结合

在财务预算管理领域，拥有优秀的领导力是财务预算管理人员成功应对变革和挑战的关键。高校应该将财务知识与领导力培养相结合，培养出具备强大领导力的管理人才。

（一）领导力课程

财务预算管理人员在新角色下需要更强的领导力和团队协作能力。因此，高校可以开设领导力课程，培养学生的沟通、决策、团队管理等领导力技能。

1. 沟通与决策能力

领导力课程可以帮助财务预算管理人员提升沟通和决策能力。课程可以包括有效沟通、影响力技巧、冲突解决等内容，使学生能够清晰地传达财务预算信息，有效地与团队成员和上级进行沟通。

2. 团队管理与协作能力

领导力也包括团队管理与协作能力。课程可以教授团队建设、目标设定、激励机制等知识，培养学生成为优秀的团队领导者，能够协调、激励团队成员，共同实现财务预算目标。

3. 变革管理与创新思维

财务预算管理领域常常需要应对变革，因此，领导力课程还可以包括变革管理和创新思维的内容。学生可以学习如何引导团队适应变革，以及如何在变革中寻找创新的解决方案。

（二）领导力实践

除了课程培训，高校还可以提供领导力实践机会。例如，学生可以参与领导力训练营、团队合作项目等活动，锻炼领导和协作能力。

1. 领导力训练营

高校可以组织领导力训练营，为学生提供实践锻炼的机会。训练营可以包括角色扮演、领导力挑战、团队合作项目等活动，让学生在模拟的环境中锻炼领导力技能。

2. 实际领导经验

除了训练营，学生还可以通过实际的领导经验来锻炼领导力。例如，参与学生组织、社团活动或志愿者团队，担任团队负责人，从而在实际场景中应用和发展领导力技能。

3. 领导力导师计划

高校可以推行领导力导师计划，由有丰富领导经验的导师指导学生的领导力发展。导师可以提供指导、反馈和建议，帮助学生在实践中不断完善领导力技能。

第三节　高校财务预算管理人员培养策略实施与评估

一、培训计划的制订与执行

（一）培训需求分析

在高校财务预算管理人员培训策略的制定和实施过程中，培训需求分析是一个关键的起点。通过深入了解现有情况，确定财务预算管理人员的培训需求，可以确保培训计划的针对性和有效性。

1. 现状调研与数据收集

高校需要开展财务预算管理领域的现状调研，了解目前财务预算管理人员的知识水平、技能状况及培训需求。这可以通过问卷调查、面对面访谈、数据分析等手段来进行，以收集相关信息。

2. 财务预算管理人员现有知识和能力评估

基于收集到的数据，高校可以对现有的财务预算管理人员的知识和能力进行评估。这可以通过知识测试、技能测评等方式来进行，以确定财务预算管理人员的优势和不足之处。

3. 需求分析和优先级确定

通过分析评估结果，高校可以明确财务预算管理人员的培训需求，将这些需求按照紧迫程度和重要性进行排序，以确定哪些领域需要优先进行培训和提升。

（二）培训内容设计

基于培训需求分析的结果，高校可以开始制订培训计划，设计培训内容，确保培训内容与实际需求紧密匹配。

1. 主题和模块确定

根据培训需求，确定培训的主题和模块。这可能涵盖财务管理原理、预算编制技巧、数据分析方法、信息技术应用、领导力发展等多个方面。

2. 培训方法和形式选择

选择适合的培训方法和形式，包括课堂教学、案例分析、实际操作、小组讨论、在线学习等。不同的内容可能需要不同的培训方式，以提高学员的学习效果和参与度。

3. 培训时间和安排

根据培训内容的复杂程度和学员的可用时间，制定培训的时间安排，可以选择集中培训、分阶段培训或定期培训，以适应学员的学习节奏。

（三）培训资源准备

为了有效地执行培训计划，高校需要充分准备培训所需的资源，以保障培训的顺利进行和学员的学习体验。

1. 教材和课件开发

根据培训内容，开发相应的教材、课件和学习材料。这些资源应当清晰、易懂，能够帮助学员深入理解培训内容。

2. 培训设施和技术支持

为培训提供适当的培训设施，确保学员在舒适的环境中学习。同时，提供必要的技术支持，如电子设备、网络等，以便学员参与在线学习和数据分析实践。

3. 行业专家和讲师邀请

邀请具有丰富实践经验的行业专家和讲师，为学员提供实际案例和应用经验。这可以丰富培训内容，帮助学员将理论知识与实际应用相结合。

（四）培训计划执行与监督

培训计划的顺利执行和监督是培养策略成功的关键。有效的管理和监督，可以确保培训的质量和效果。

1. 培训组织和协调

建立培训组织机构，负责培训计划的具体执行和协调。确保培训的时间、地点、讲师等各项准备工作有序进行。

2. 培训考核和评价机制

制定培训考核和评价机制，以评估学员在培训中的学习情况和掌握程度，可以设置学习任务、作业、测试等内容，帮助学员巩固所学知识。

3. 反馈和改进机制

建立定期的学员反馈机制，收集学员对培训内容、讲师、教学方法等方面的意见和建议，根据反馈结果，及时进行调整和改进，以提高培训的效果和质量。

4. 培训效果评估

在培训结束后，对培训的效果进行评估，可以通过问卷调查、知识测试、实际应用情况等方式，了解学员在培训后的知识水平提升和能力增强情况。

二、评估指标体系的建立与优化

（一）评估指标体系的确定

为了评估财务预算管理人员的培养效果，高校应当建立一套科学的评估指标体系。这些指标可以包括财务知识水平、数据分析能力、领导力表现、团队协作等方面的指标，以客观地衡量管理人员的能力提升程度。

1. 财务知识水平

财务知识水平是财务预算管理人员的核心能力之一。高校应该制定明确的指标来评估管理人员的财务知识水平：

（1）会计原理和财务报表分析

评估财务预算管理人员是否了解会计基本原理，是否能够准确解读财务报表，分析财务状况和业绩。

（2）财务预算管理流程和方法

评估财务预算管理人员是否掌握预算财务编制、执行和监控的各个环节，是否了解不同类型财务预算的制定方法。

（3）税务法规和合规性

评估财务预算管理人员是否了解适用的税收法规和财务合规性要求，以确保财务预算管理过程的合法性和合规性。

2. 数据分析能力

在当今信息时代，数据分析能力对财务预算管理人员至关重要。以下是一些可能的评估指标：

（1）数据收集与整理

评估财务预算管理人员是否能够有效收集和整理相关的财务和预算数据。

（2）数据处理和清洗

评估财务预算管理人员是否能够对数据进行处理和清洗，确保数据的准确性和可信度。

（3）数据分析和解释

评估财务预算管理人员是否能够利用数据分析工具，从数据中提取有价值的信息，为决策提供支持。

3. 领导力和团队协作

领导力和团队协作能力是高效财务预算管理的关键。以下是一些可能的评估指标：

（1）团队管理和激励

评估财务预算管理人员是否能够有效地管理团队，激励团队成员发挥出最佳表现。

（2）决策制定和执行

评估财务预算管理人员在制定决策时是否能够考虑全局，做出明智的财务决策。

（3）沟通和协调

评估财务预算管理人员是否具备良好的沟通能力，能够与各部门合作，协调财务预算管理工作。

4. 创新思维

创新思维是应对复杂问题和变化环境的关键能力。以下是一些可能的评估指标：

（1）问题识别和解决

评估财务预算管理人员是否能够准确识别问题，并提出创新性解决方案。

（2）新方法探索

评估财务预算管理人员是否具备尝试新方法、新思路的勇气和能力，以应对新的挑战。

5. 沟通与表达

沟通与表达能力影响着财务预算管理人员与团队、上级、同事的协作。以下是一些可能的评估指标：

（1）清晰表达

评估财务预算管理人员在沟通时是否能够清晰地传达信息和观点，避免歧义。

（2）听取和理解

评估财务预算管理人员是否能够积极倾听他人意见，理解不同观点。

6. 适应能力

适应能力在变化不断的财务预算管理环境中显得尤为重要。以下是一些可能的评估指标：

（1）灵活性和应变能力

评估财务预算管理人员是否能够灵活调整财务预算管理策略，应对外部环境的变化。

（2）学习能力

评估财务预算管理人员是否具备持续学习的意识和能力，能够不断吸收新知识和技能，适应变化的要求。

评估指标的确定需要结合高校的实际情况和培养目标进行调整，以确保评估的准确性和有效性。

（二）评估方法和工具

在评估高校财务预算管理人员的能力提升情况时，采用合适的评估方法和工具是至关重要的。不同的评估方法和工具能够全面、客观地衡量财务预算管理人员在各个领域的能力水平。以下是一些常见的评估方法和工具，可用于不同的能力评估：

1. 问卷调查

问卷调查是一种收集学员自我评价和他人对学员能力的评价的方法。可以设计针对不同能力指标的问卷，让财务预算管理人员自评并邀请同事、上级、下属等进行评价。多角度的反馈，可以更全面地了解财务预算管理人员在不同领域的表现。

2. 知识测试

知识测试是评估财务知识水平的有效方法。可以设计一系列的选择题、填空题等形式的测试题目，涵盖财务原理、预算管理流程、会计准则等内容，以检验财务预算管理人员的财务知识掌握程度。

3. 案例分析

案例分析是一种通过解决实际案例来评估能力的方法。为财务预算管理人员提供真实或模拟的案例，要求他们分析问题、提出解决方案，并说明其背后的逻辑和思考过程。这种方式，可以评估数据分析能力、创新思维和解决问题的能力。

4. 360 度反馈

360 度反馈是一种多角度的评估方法，涵盖了上级、同事、下属等不同角色的反馈意见。可以采用匿名调查或面谈等形式，了解财务预算管理人员的领导力、团队协作、沟通能力等方面的表现，并获取其与他人互动的信息。

5. 领导力测试

使用专业的领导力测试工具，可以客观地评估财务预算管理人员的领导力潜力和特点。这些测试可以通过心理测验、行为评估等方式，揭示财务预算管理人员在领导团队、决策制定、问题解决等方面的能力。

通过结合不同的评估方法和工具，高校可以从多个维度全面评估财务预算管理人员的能力提升情况。同时，针对每个评估指标，还可以制定相应的评分标准和评价体系，以确保评估过程的客观性和一致性。评估结果将为高校制订个性化的培养计划提供有针对性的反馈，从而不断优化能力培养模式。

（三）评估结果分析和反馈

评估结果分析需要系统地整理和解读评估数据，找出财务预算管理人员的优势和发展领域，同时，为每位财务预算管理人员提供个性化的反馈，指出其在各方面的表现，以及可以改进的地方。反馈应当具体、有建设性，帮助财务预算管理人员认识自身能力，制订个人发展计划。

1. 数据整理和解读

在评估过程结束后，高校应当对收集到的评估数据进行整理、归类和分析。这包括对不同指标的评分情况、整体表现的趋势等方面的分析。通过统计数据，可以获得一个直观的概览，了解财务预算管理人员在各项能力指标上的表现。

2. 优势和发展领域

在分析评估结果时，需要特别关注每位财务预算管理人员的优势和发展领域，确定他们在哪些能力方面表现出色，以及哪些方面有待提升。这有助于为个性化的反馈和发展计划提供依据。

3. 个性化反馈

对每位财务预算管理人员，高校应提供个性化的、具体的反馈。反馈应当客观、中肯，以事实为基础，避免主观性的评价。具体指出在哪些能力方面取得了进步，以及哪些方面可以改进。例如，如果某位财务预算管理人员在财务知识方面表现优秀，但在领导力方面有待提升，反馈可以针对这两个方面分别给予肯定和建议。

4. 建设性的建议

反馈应当具备建设性，不仅指出问题所在，还应提供改进的建议和方法。这有助于财务预算管理人员理解如何提升自己的能力，制订具体的行动计划。例如，如果评估显示某位财务预算管理人员在数据分析能力方面有欠缺，反馈可以建议参加相关培训课程，提高数据处理和分析的技能。

5. 制订个人发展计划

基于评估结果和反馈意见，财务预算管理人员和高校可以共同制订个人发展计划。这个计划应当明确目标、时间表和具体行动步骤，帮助财务预算管理人员有针对性地提升能力。发展计划可以涵盖培训课程、实践项目、导师指导等多种形式。

6. 持续跟踪和调整

反馈不应仅仅是一次性的，而应是一个持续的过程。高校可以设立定期的跟踪和评估机制，了解财务预算管理人员在发展计划的执行过程中取得的进展，及时调整和优化发展计划，以确保能力提升的持续性和有效性。

通过详细、个性化的反馈和建议，财务预算管理人员可以更好地了解自身的优势和不足，制订相应的发展计划，从而在财务预算管理领域不断提升自己的能力水平。

三、持续反馈与改进的闭环机制

（一）反馈机制的建立

高校应当建立一个定期的反馈机制，以确保财务预算管理人员能够随时获取对自身能力的评价和建议。这可以通过定期的个人面谈、小组讨论、评估报告等方式实现。这样的反馈机制能够帮助财务预算管理人员了解自身的优势和改进的方向，促使他们持续地关注和提升自己的能力。

1. 设定反馈周期

高校应当设定反馈周期，例如每个学期末、每个培训阶段结束后等。这样的周期性反馈可以帮助财务预算管理人员在一定的时间间隔内了解自己的进展情况，及时调整学习和发展计划。

2. 个人面谈

定期进行个人面谈是一种有效的反馈方式。在面谈中，导师、教师或培训指导员可以与财务预算管理人员进行一对一的交流，详细了解他们的学习和发展情况，提供个性化的建议和反馈。

3. 小组讨论

小组讨论可以促进财务预算管理人员之间的交流和互动，分享彼此的经验和发展进展。通过小组讨论，财务预算管理人员可以从其他同学的成功经验中学习，同时也能够获得其他人的反馈和建议。

4. 自我评估

鼓励财务预算管理人员进行自我评估是培养其自我认知和反思能力的重要途径。他们可以通过填写问卷、撰写学习日志等方式对自己的能力进行评估，从而更好地了解自己的优势和不足之处。

（二）改进策略制定

基于评估结果和反馈意见，高校应当制定相应的改进策略。这可能涉及调整培训内容、优化培训方法、提供更多实践机会等。例如，如果评估发现财务预算管理人员在数据分析能力方面存在欠缺，高校可以通过增加相关的数据分析课程或实践项目来弥补这一不足。

1. 调整培训内容

培训内容应当根据评估结果进行调整，突出财务预算管理人员在评估中表现不足的领域。例如，如果评估显示财务预算管理人员在财务知识方面存在欠缺，可以增加财务基础课程的学时，加强相关知识的学习。

2. 优化培训方法

根据财务预算管理人员的反馈意见，不断优化培训方法，使其更贴近实际需求。例如，如果财务预算管理人员认为某些培训内容过于理论化，可以增加实际案例分析和实践项目，提升培训的实用性。

3. 提供更多实践机会

实践是培养能力的关键环节，高校可以提供更多的实践机会，让财务预算管理人员将所学知识应用到实际场景中。例如，组织模拟预算案例分析、实际财务预算编制等实践活动，帮助财务预算管理人员更好地掌握财务预算管理技能。

（三）持续优化与更新

培养策略的实施和评估应当是一个持续循环的过程。高校应当不断地根据市场需求和变化进行培养策略的优化与更新。随着时代的发展，财务预算管理领域的需求和技能要求可能会发生变化，因此培养策略需要不断调整以保持与时俱进。

1. 跟踪行业趋势

高校应当密切关注财务预算管理领域的行业趋势和变化。了解新的技术、法规、方法等对财务预算管理的影响，以便及时调整培养策略，确保学员学到的知识和技能与实际需求相符。

2. 建立反馈渠道

高校可以建立学员和企业用人单位的反馈渠道，了解他们对培养效果的评价和建议。这些反馈可以为优化和更新培养策略提供有力的依据。

3. 定期评估和调整

高校应当设立定期的评估时间点，对培养策略进行评估和调整。根据评估结果，及时发现不足之处，并对培养策略进行合理调整，以提升培养质量。

实施财务预算管理人员培养策略需要科学地计划、有效地评估和持续地改进。通过培训计划的制订与执行、评估指标体系的建立与优化及持续反馈与改进的闭环机制，高校可以培养出适应新时代要求的优秀财务预算管理人员。

第八章　新时代高校财务预算管理的可持续发展

第一节　可持续发展理念与财务预算管理的关系

一、可持续发展与财务预算管理的内在联系

（一）共同目标

可持续发展强调满足当代需求而不损害后代需求的原则，而财务预算管理的核心目标之一就是确保资源的有效利用，以实现组织长期的财务健康。这两者的共同目标在于平衡短期利益与长期可持续性。

1. 可持续发展的内在联系

（1）资源管理与长期价值观

可持续发展注重资源的长期管理和保护，以满足不断增长的全球人口和经济需求。类似的，财务预算管理强调合理利用资源，以维持组织的长期财务健康。在两者之间，共同的价值观是确保资源的持续可用性，既满足当前需求，又不损害未来代际的利益。

（2）风险管理和长远规划

可持续发展强调通过降低环境和社会风险，实现经济和社会的稳定增长。同样，财务预算管理的风险管理目标是减少经济风险，确保组织的长期可持续性。这两者都需要长远规划，以便预测并应对潜在的威胁和挑战。

2. 共同目标的平衡

这两个领域的共同目标在于平衡短期和长期利益。可持续发展要求在满足当前需求的同时，考虑未来的影响，这与财务预算管理中长期投资和资源分配的目标相契合。例如，一家企业可以通过投资于环保技术和社会责任项目，实现对环境和社会的积极影响，同时也可能在未来获得经济回报。这种平衡体现了长期可持续性和财务健康之间的内在关系。

可持续发展理念与财务预算管理的共同目标在于平衡短期经济利益与长期社会和环境可持续性。它们都强调资源的合理利用、风险管理和长远规划，以实现持久的经济、社会和环境价值。将这两个领域的目标紧密结合，可以为组织的可持续发展提供坚实的财务基础。

（二）综合考虑

可持续发展要求在决策过程中综合考虑经济、社会、环境等多个维度的因素，而财务预算管理也需要考虑各种财务因素、资源分配、成本控制等。两者都强调在决策中平衡不同的利益和因素。

1. 综合性决策的共性

（1）多维度影响因素

可持续发展强调在决策中考虑经济、社会、环境等多个维度的因素。类似的，财务预算管

理不仅需要考虑财务因素，还要考虑成本、收益、投资等多个方面的因素。这些因素的综合考虑有助于全面评估决策的影响。

（2）长期与短期平衡

在综合决策中，必须平衡短期和长期的利益。可持续发展要考虑未来的影响，不仅关注眼前的经济利益，还要保障未来世代的需求。同样，财务预算管理需要在满足当下财务目标的同时，确保组织的长期财务健康和可持续性。

2. 综合决策的挑战

（1）权衡与取舍

在综合决策中，往往需要在不同的因素之间作出权衡和取舍。例如，在财务预算管理中，组织可能需要平衡投资项目的预期收益和风险；在可持续发展中，也需要权衡社会责任投资的成本与长期影响。

（2）数据和信息需求

综合决策需要充分的数据和信息支持，以便对各个方面进行准确评估。可持续发展需要收集和分析环境、社会数据，而财务预算管理需要财务和业务数据。因此，信息的准确性和完整性对于作出综合决策至关重要。

3. 结合可持续发展和财务预算管理的综合决策

综合考虑可持续发展和财务预算管理需要将多个领域的知识和专业领域相结合。这可能涉及财务专家、环境专家、社会学家等的合作。综合决策可以通过制定全面的决策框架、考虑多种影响因素、建立可持续性评估指标等方式来实现。

综合考虑是可持续发展和财务预算管理的重要共性。通过平衡不同维度的因素，权衡短期和长期利益，充分的数据和信息支持，以及跨领域的合作，可以作出既有利于经济增长又符合社会和环境可持续性的决策。这种综合性决策有助于组织在长期内实现稳定发展和增长。

二、财务预算管理在支持可持续发展中的角色

（一）资源分配

财务预算管理在支持可持续发展中发挥着重要的资源分配作用。可持续发展的核心是在满足当前需求的前提下，不损害未来世代的需求。财务预算管理通过对资金的分配和配置，可以确保资源被优先分配到支持可持续发展的项目和领域。例如，将资金投入到环保技术研发、社会责任项目等，从而实现资源的可持续利用和未来发展的平衡。

1. 可持续性原则的支持

财务预算管理在可持续发展中的资源分配作用是确保资源的合理配置，以满足当前需求，同时不损害未来世代的需求。这体现了可持续性原则，即在资源分配中平衡短期和长期的利益，避免资源过度消耗和环境破坏。

2. 优先支持可持续项目

财务预算管理可以指导资金优先流向支持可持续发展的项目和领域。例如，将资金投入环保技术研发可以降低环境影响，支持社会责任项目有助于改善社会形象。这种优先支持可持续项目的方式有助于组织在经济效益和社会责任之间找到平衡。

3. 资源效率提升

资源分配的科学规划可以提高资源的使用效率。财务预算管理可以鼓励组织在项目中采用更加节约资源的方法，减少资源的浪费和损耗，从而在可持续性和经济效益上实现双赢。

4. 风险管理与机会把握

财务预算管理在资源分配中还有助于管理风险和把握机会。通过将资金投入到具有环保、社会责任特点的项目中，组织可以降低环境和社会风险，增强可持续性。同时，积极探索和投资可持续领域也可能带来新的商业机会和竞争优势。

（二）成本控制

在实现可持续发展的过程中，成本控制是至关重要的一环。资源的有效利用和降低浪费是可持续发展的关键要素，而财务预算管理可以通过严格的成本控制机制，促使组织更加环保和高效地运营。通过制定预算限制、监控支出，组织可以在经济效益和环境效益之间找到平衡点，实现成本的最优化。

1. 资源效率提升

成本控制在可持续发展中具有资源效率提升的重要作用。通过严格控制成本，组织可以迫使自身在资源使用方面更加高效。减少不必要的开支和浪费，有助于优化资源的利用，降低环境影响，从而实现可持续性目标。

2. 浪费削减与环保

成本控制强调减少浪费，而浪费往往与资源过度消耗和环境破坏密切相关。通过控制成本，组织可以迫使自身审视和改进过程，寻找资源浪费的根源，从而在资源消耗和环境影响方面实现双重效益，促进环保理念的落实。

3. 财务与环境的平衡

成本控制机制可以帮助组织在经济效益与环境效益之间找到平衡点。适度的成本控制不仅有助于降低经营成本，提高竞争力，还可以减少资源消耗，减轻环境负担。这种平衡有助于组织在可持续发展过程中实现经济效益和环境保护的双赢。

（三）长期规划

财务预算的编制需要考虑长期发展，与可持续发展的长远目标紧密相连。可持续发展是一个长期的过程，要求组织在决策中充分考虑未来的影响。财务预算管理通过制订长期财务计划，帮助组织更好地规划资源的长期使用，为可持续性目标的实现提供坚实的财务支持。

1. 长期发展目标的对齐

财务预算的编制应与组织的长期发展目标相一致，而可持续发展正是一个与时间密切相关的长期目标。通过将财务预算管理与可持续发展目标对齐，组织可以确保财务资源的有效分配，促进可持续发展战略的实施。

2. 长期资源规划

财务预算管理不仅关注当前的支出和收入，更应该考虑未来的资源需求。可持续发展需要长远的资源规划，财务预算管理可以为组织提供关于未来资金需求的信息，以便做出适当的决策，确保可持续性目标得到充分支持。

3. 投资可持续项目

财务预算管理在长期规划中应当优先考虑投资可持续项目。这些项目可能需要较长的时间才能实现回报，但它们与可持续发展目标紧密相连。通过在财务预算管理中安排资金用于环保、社会责任等项目，组织可以在长期内获得双重回报，实现经济效益和可持续性的双赢。

（四）业绩评估

财务预算管理不仅是资源分配的工具，还是衡量组织绩效的重要指标。在推动可持续发展战略时，财务预算管理可以作为一个评估绩效的依据，从财务维度分析组织的业绩。通过设定可持续性指标，比如资源使用效率、碳足迹减少等，财务预算管理可以帮助衡量组织在可持续性方面的进展和成就。

1. 可持续性绩效指标的设定

在推动可持续发展战略时，财务预算管理可以作为一个评估绩效的重要依据。为了确保组织在可持续性方面取得实质性进展，财务预算管理可以设定一系列可持续性绩效指标，如资源使用效率、碳足迹减少、环境影响降低等。这些指标旨在定量地衡量组织在可持续性方面的表现，为业绩评估提供客观的数据支持。

2. 绩效数据的收集与分析

财务预算管理涉及大量的财务数据，而这些数据可以用于衡量组织在可持续性方面的绩效。收集和分析相关的财务数据，如能源消耗、废物产生、环境治理成本等，可以评估组织在可持续性目标上的进展情况。这些数据的准确性和全面性对于绩效评估的可靠性至关重要。

3. 绩效对比和趋势分析

财务预算管理还可以帮助进行绩效对比和趋势分析，通过比较不同时间段的财务数据，可以了解组织在可持续性方面的改进情况。例如，比较两个年度的能源消耗数据，如果发现能源消耗有所下降，就可以判断可持续性策略的有效性。这种对比和趋势分析有助于发现问题、识别机会，并对战略进行调整。

（五）投资决策

实现可持续发展需要投资于环保技术、社会责任项目等领域。财务预算管理在这方面起到了关键的支持作用。它可以为可持续性项目提供资金支持，促进这些项目的实施和推进。同时，财务分析可以帮助评估这些投资的可行性和潜在回报，为决策者提供决策依据，确保投资的合理性和长期可持续性。

1. 可持续性投资的支持

实现可持续发展需要大量投资于环保技术、社会责任项目等领域。财务预算管理在这方面起到了关键的支持作用。通过合理的资源分配，财务预算管理可以为可持续性项目提供必要的资金支持，推动这些项目的顺利实施。例如，投资于可再生能源项目、废弃物处理技术等，都需要财务预算管理的支持来确保项目的运行和发展。

2. 投资可行性评估

财务分析在投资决策中扮演着重要角色。在可持续性投资中，财务分析可以帮助评估投资项目的可行性和潜在回报。通过分析投资成本、预期收益、风险等因素，财务预算管理可以为决策者提供客观的数据支持，帮助他们作出明智的投资决策。这有助于确保投资的合理性和长期可持续性。

3. 风险管理与回报预测

可持续性投资可能涉及新技术、新市场等风险。财务预算管理可以通过风险管理和回报预测来评估投资项目的风险和潜在回报。通过制定风险管理策略、考虑不同情景下的回报预测，财务预算管理可以帮助投资者更好地把握风险与回报的平衡，从而为可持续性投资提供更为可靠的决策依据。

4. 资金优化与分配

财务预算管理在投资决策中还可以帮助优化资金分配。通过合理的资金分配，组织可以在不同的可持续性项目之间进行权衡，确保资源得到最佳利用。财务预算管理可以考虑不同项目的收益率、风险、投资期限等因素，为资金的优化分配提供指导，使投资能够产生最大的可持续性影响。

5. 长期效益与可持续性

财务预算管理在投资决策中关注的不仅是短期的经济回报，更要考虑长期的效益和可持续性。例如，投资于环保技术可能在短期内的回报有限，但从长期来看，可以降低成本、提升品牌形象，实现可持续发展的战略目标。财务预算管理可以帮助决策者更好地权衡短期和长期效益，为组织的可持续性发展做出长远规划。

第二节　高校财务预算管理的可持续发展策略

一、资源的合理配置与利用

高校作为知识和人才培养机构，资源的合理配置与利用对于实现可持续发展至关重要。首先，需要对各项资源进行全面识别，包括财务资金、人力资源、实验设备等。其次，根据高校的发展战略和可持续发展目标，将资源定向分配到支持创新、研究、教育等具有战略意义的领域。

（一）战略规划与资源匹配

高校财务预算管理应与战略规划相结合，确保资源的匹配与目标的一致。通过明确的目标和计划，高校可以在财务预算管理中优先考虑支持可持续发展的项目，如绿色校园建设、创新科研等，实现资源的最优配置。

1. 目标的明确与财务预算管理的对齐

高校的战略目标是指导发展的方向，财务预算管理应当与这些目标保持一致。将战略目标细化为可量化的指标，可以将财务预算管理中的资金分配与实际目标对应起来，确保资源投入与目标的一致性。

2. 优先支持可持续发展项目

高校财务预算管理应优先考虑支持可持续发展的项目。例如，如果高校的战略规划强调绿色校园建设，那么财务预算管理可以增加环保项目的资金分配，以支持可持续性的校园发展。

3. 资源分配的灵活性

战略规划与资源匹配并不是一成不变的，而是需要灵活应对变化的。财务预算管理应当具备一定的灵活性，以应对外部环境的变化和战略目标的调整。这可能包括对不同项目的资金重新分配、项目优先级的调整等。

4. 创新与科研投入

高校战略规划中可能强调创新和科研的重要性。财务预算管理可以确保足够的资金用于支持科研项目、科研设备的购置等，从而推动科研成果的产出，为高校的战略目标提供坚实支持。

（二）效率与效益的平衡

资源的合理配置要求在效率与效益之间寻求平衡。财务预算管理应考虑投入与产出的关系，确保资源的使用产生最大的社会和经济效益。例如，投入到环保项目可能在短期内成本较高，但从长期看，可以降低成本、提升声誉，实现可持续发展。

1. 投入与产出的关系

高校财务预算管理应当注重投入与产出之间的关系。资源投入应该被视为一种投资，而不仅仅是成本支出。财务预算管理者需要权衡投入产出，确保每一笔资金都能够在实现目标的同时最大化地产生价值。

2. 短期与长期效益

在资源配置决策中，需要综合考虑短期与长期的效益。例如，投入到环保项目可能在短期内增加成本，但从长期来看，可以减少环境影响、提升校园声誉，从而实现可持续发展。

3. 社会和经济效益的权衡

高校财务预算管理不仅关注经济效益，也要考虑社会效益。一项投资可能在经济效益方面看起来不够理想，但如果能够在社会层面产生积极影响，比如改善社会形象或促进社会责任履行，那么在整体上仍然是值得的。

二、环保与社会责任的财务预算管理融入

（一）环保支持与资源保障

在财务预算管理中，将环保支持纳入考虑是实现可持续发展目标的关键一环。环保举措的成功实施依赖于充足的财务支持。因此，财务预算管理应合理分配资金，将一部分资金投入到环保技术研究、能源节约等相关领域，以支持高校环保目标的实现。

1. 合理分配资金，支持环保项目

在高校的可持续发展策略中，环保被认为是一项具有战略性重要性的核心价值。财务预算管理在这一背景下，应当将环保支持纳入考虑，将环保项目作为财务投入的重要领域之一。这需要通过合理的资金分配，将一部分预算资金投入到环保技术研究、能源节约等相关领域，以支持高校环保目标的实现。

例如，某高校将环保视为战略目标之一，将财务预算中的一定比例专门用于环保项目。这些项目涵盖了校园能源消耗优化、废物处理改进等方面。通过在财务预算中明确划分环保专项资金，高校确保了环保项目有足够的经费支持，从而有效推动了可持续发展目标的实现。

2. 资源保障为环保项目提供支持

环保项目的成功实施不仅需要财务支持，还需要充足的资源保障。这些资源包括人力、物力、技术等。在财务预算管理中，高校应确保环保项目所需资源得到充分保障，以确保项目的顺利进行。

例如，一所高校计划进行校园节能改造项目，以减少能源消耗。在财务预算管理中，高校除了资金支持外，还专门调配了一些维护团队和技术人员，以确保项目的实施、监测和维护。这些资源的充足供给有助于保障节能项目的有效执行，从而达成可持续发展目标。

3. 预留资金以应对挑战和需求变化

环保项目的执行过程中可能会遇到各种挑战和需求变化，而这些变化可能需要额外的资金支持。财务预算管理应当充分预留一定的资金，以应对这些变化带来的影响，确保环保项目不会因为资金短缺而受阻。

例如，某高校启动了水资源管理项目，旨在优化用水效率。然而，由于突发情况导致水系统出现问题，需要进行紧急修复和升级，在财务预算编制时，高校预留了一部分资金用于应对可能的紧急情况，确保环保项目的顺利进行。

通过合理分配资金、资源保障及预留资金等方式，高校可以确保环保项目得到足够的支持，从而为可持续发展目标的实现提供有力的保障和支持。

（二）社会责任投资

高校作为社会责任的重要承担者，应将社会责任投资纳入财务预算管理的范畴。社会责任投资不仅有助于回馈社会，也能够促进社会的可持续发展。在财务预算中划拨一部分资金用于支持社会公益项目、人才培养计划等，可以在高校内部和社会中树立良好的示范和影响力。社会责任投资的核心是确保资金的有效使用。高校财务预算管理应关注社会责任项目的执行情况，确保投资产生预期的社会影响和变革。这可能需要建立评估机制，定期监测社会责任投资的成果，从而保障资源的最大化利用，促进社会责任的实现。

1. 将社会责任投资纳入财务预算管理

社会责任投资体现了高校对社会的回馈和关注，不仅有助于社会公益事业的发展，也能够促进整个社会的可持续发展。在财务预算中划拨一部分资金用于支持社会公益项目、人才培养计划等，可以在高校内部和社会中树立起良好的示范和影响力。

例如，某高校将社会责任视为其核心价值之一，每年在财务预算中专门划拨一定比例的资金用于支持社会公益项目。这些项目涵盖了贫困学生资助、社区发展、环保倡议等领域。通过这些社会责任投资，高校在推动社会可持续发展的同时，也提升了自身的社会声誉。

2. 确保社会责任投资的有效执行

社会责任投资的核心在于确保资金的有效使用，以实现预期的社会影响和变革。高校财务预算管理应当不仅关注资金的划拨，还应关注社会责任项目的执行情况。这可能需要建立起评估机制，定期监测社会责任投资的成果，从而保障资源的最大化利用，促进社会责任的实现。

例如，一所高校在财务预算中投入一部分资金用于支持贫困地区的教育改善项目。为了确保资金的有效使用，高校建立了项目监控机制，定期对项目进行评估，检查资金使用情况，以及项目是否实现了预期的社会影响。这样的评估机制有助于保障社会责任投资的有效性。

3. 提升社会影响力与可持续发展

通过在财务预算中融入社会责任投资，高校不仅在校内构建了可持续发展的理念，也在社会中产生了积极的影响。这种影响力有助于推动社会更加关注可持续发展议题，形成社会共识，从而进一步推进整个社会的可持续发展。

例如，一所高校将部分财务预算用于支持农村地区的农业科技培训项目。随着时间的推移，这些培训项目不仅提升了当地农民的生产技能，也带动了农村经济的发展。高校因此在社会中树立了积极的形象，成为可持续发展的倡导者和实践者。

将社会责任投资纳入财务预算管理是高校可持续发展策略的重要组成部分。通过将资金用于支持社会公益项目、人才培养计划等，高校不仅在推动社会可持续发展方面发挥了积极作用，同时也提升了自身的社会影响力与声誉。

（三）透明度与报告

将环保与社会责任融入财务预算管理需要建立透明的报告和沟通机制。透明度不仅有助于展示高校的努力和成果，还能够增强高校在社会中的信任度。因此，高校应定期公开环保和社会责任方面的财务信息，向各利益相关者展示高校在这些领域的投入和成就。

1. 建立透明的报告机制

将环保与社会责任融入财务预算管理需要建立透明的报告和沟通机制。透明度是高校可持续发展策略的核心要素之一，有助于向外界展示高校的努力和成果，提升其在社会中的信任度。高校应当建立定期的报告机制，将环保和社会责任方面的财务信息及相关数据公开，以确保各利益相关者对高校的可持续发展努力有清晰的了解。

例如，某高校每年发布一份可持续发展报告，详细介绍了财务预算管理中环保和社会责任的投入情况，以及相应的成果和效益。该报告涵盖了资源分配、社会责任项目的实施进展、环保举措的效果等方面，为高校内部和外部的利益相关者提供了全面的信息。

2. 透明的财务报告内容

透明的财务报告应当包括环保和社会责任方面的支出、效益和影响等内容。这些报告不仅应满足法律和规定的要求，更应反映高校的自我监督和责任担当。报告内容可以包括：

（1）环保支出和效益

报告应明确列出投入到环保项目中的财务支出，如环保技术研究、能源节约等，同时展示这些举措所带来的实际效益，如能源消耗减少、碳排放降低等。

（2）社会责任投资

报告应详细说明投入到社会责任项目的资金，如人才培养、社会公益活动等，同时呈现这些投资对社会的积极影响，如贫困生受益、社区发展等。

（3）影响与变革

报告应展示环保和社会责任举措所带来的具体影响和变革，如改善校园环境、促进社会公平等，通过数据和案例来支持这些影响的描述。

3. 增强可持续发展策略的影响力

透明的财务报告不仅为高校自身的监督和管理提供了依据，还能够增强高校在社会中的影响力。透明度的展示有助于推动社会更广泛地认知高校的努力，形成社会共识，从而促进整个社会在可持续发展方向上的行动。

例如，一所高校定期发布透明的财务报告，特别强调了其环保和社会责任方面的投入。这些报告被广泛传播，不仅在高校内部产生了正面影响，还激发了其他高校和机构对于可持续发展的关注，推动了更多人参与到可持续发展的努力中。

透明的财务报告可以包括环保和社会责任方面的支出、效益和影响等内容。这些报告不仅应当满足法律和规定的要求，还应当体现高校的自我监督和责任担当。通过向外界展示透明的财务信息，高校可以提升其可持续发展策略的透明度和有效性，从而在更广泛的范围内产生积极的影响。

第三节　可持续发展财务预算管理的评估与效果

一、可持续性指标体系的构建

（一）可持续发展指标的选择

构建可持续性指标体系是评估高校财务预算管理效果的关键一步，它需要系统地选择与高校的可持续发展目标紧密相关的指标，并覆盖经济、社会和环境等多个维度，以全面评估其对可持续性的影响。

1. 经济维度的指标选择

在经济维度，高校可以选择一系列指标来衡量其财务预算管理对经济可持续性的影响。以下是一些可能的指标：

（1）财务健康指标

包括资产负债比率、净资产收益率等，用于评估高校财务状况的稳健性和健康程度。

（2）经济增长指标

可以通过高校的年度收入增长率、捐赠增长情况等来反映其经济增长的趋势。

（3）投资回报率

通过评估高校的投资项目，分析其投资获得的回报率，从而衡量财务预算管理在投资决策方面的有效性。

（4）资金流动性指标

如现金流量表的分析，以评估高校在不同时期的资金流动情况。

2. 社会维度的指标选择

在社会维度，高校的可持续发展也需要考虑其对社会的积极影响，以下是一些可能的指标：

（1）社会责任履行情况

衡量高校是否积极参与社会公益活动、社区服务等，体现其社会责任感。

（2）人才培养成果

通过学生就业率、毕业生满意度等指标，评估高校是否为社会培养出具有综合素质的人才。

（3）社会影响力

通过评估高校在社会中的知名度、影响力等，反映其在社会发展中的地位。

3. 环境维度的指标选择

在环境维度，高校的可持续性表现需要考虑对环境的保护和可持续利用，以下是一些可能的指标：

（1）能源消耗效率

衡量高校在能源利用方面的效率，包括单位面积或人均的能源消耗量。

（2）水资源利用效率

评估高校的水资源利用效率，以减少浪费和提高利用率。

（3）碳足迹

通过评估高校的温室气体排放情况，衡量其在气候变化方面的影响。

在选择可持续发展指标时，高校需要考虑其自身定位、发展战略和特点，确保选取的指标能够真实反映财务预算管理对经济、社会和环境可持续性的影响。这样的指标体系将为评估财务预算管理的可持续发展效果提供坚实的基础。

（二）指标权重与测量方法

在构建可持续性指标体系时，确定每个指标的权重和选择适当的测量方法是关键步骤。这些决策需要经过细致考虑，以确保指标体系的准确性、可靠性和实用性。

1. 指标权重的确定

为了准确评估财务预算管理对可持续发展目标的影响，高校需要为每个指标分配适当的权重，以反映其在整体目标中的重要性。权重的确定可以通过以下方法进行：

（1）专家意见调查：高校可以征求财务、可持续发展、教育等领域的专家意见，以获取不同领域的权重建议。

（2）权重分析

可以利用数学模型如层次分析法（AHP）或模糊综合评价法，根据指标之间的相对重要性确定权重。

（3）共识建立

在高校内部，通过多方沟通和讨论，达成关于权重分配的共识，确保权重的公正性和合理性。

2. 测量方法的选择

选择适当的测量方法是确保数据的准确性和可比性的关键。不同类型的指标可能需要不同的测量方法：

（1）定量数据

对于经济维度的指标，如财务健康指标，可以利用财务报表中的数据进行测量。环境维度的指标，如能源消耗效率，可以通过测量能源使用量和产出的关系来计算。

（2）定性数据

社会维度的指标，如社会责任履行情况，可能需要定性数据的测量，可以通过社会调查、问卷调查等方式获得。

（3）综合指标

一些指标可能需要综合多个因素，如可持续性指数。这种情况下，可以使用综合评价方法，将多项指标加权汇总得到综合指数。

3. 数据的准确性和可比性

不论选择哪种测量方法，确保数据的准确性和可比性都是至关重要的。高校需要建立严格的数据收集和整理机制，确保数据的来源可信、数据的记录准确，以及不同时间点和不同地点的数据的可比性。

在构建可持续性指标体系时，高校应当通过专家意见、权重分析等方法为不同指标分配权重，并选择适当的测量方法来收集相关数据。这些决策的准确性和合理性将直接影响到评估结果的可信度和有效性。

（三）数据收集与整合

构建指标体系需要大量的数据支持，因此高校需要建立数据收集和整合机制。这可能包括建立数据采集流程、确保数据的时效性和准确性。同时，数据的整合和汇总也是保障可持续性指标体系连续性和可比性的重要环节。高校可以考虑建立信息系统来支持数据的整合和分析。

1. 数据收集机制的建立

（1）明确数据需求

在构建可持续性指标体系之前，高校需要明确需要收集的数据类型、频率和范围，以确保数据的全面性和实时性。

（2）设立数据采集流程

高校应当制定清晰的数据采集流程，明确数据收集的责任部门和人员，确保数据的准确性和一致性。

（3）采用多种数据来源

高校可以从内部财务系统、校园管理系统、调查问卷等多个数据来源采集数据，以获取全面的信息。

2. 数据时效性和准确性的保障

（1）定期数据采集

高校应当设定固定的数据采集周期，以保障数据的及时性。对于不同类型的指标，高校可以根据需要设定不同的采集频率。

（2）数据验证与审核

在采集数据后，高校应进行数据验证和审核，确保数据的准确性和可信度。需要注意排查数据录入错误、计算错误等情况。

3. 数据整合和汇总

（1）建立数据整合平台

高校可以考虑建立数据整合平台，将来自不同部门和系统的数据进行整合和汇总。这可以提高数据的一致性和可比性。

（2）制定数据标准

高校需要制定统一的数据标准和定义，确保不同部门采集的数据可以进行有效的整合和比较。

4. 信息系统的应用

（1）建设信息系统

为了支持数据的整合和分析，高校可以考虑建设信息系统，用于数据的存储、管理和分析，提高数据处理的效率和准确性。

（2）数据分析工具

在信息系统中，可以集成数据分析工具，用于生成报表、图表等，帮助高校更好地理解和应用数据。

在选择指标、确定权重和测量方法，以及收集和整合数据的过程中，高校需要充分考虑自身的可持续发展目标和特点，确保可持续性指标体系能够全面、准确地评估财务预算管理对可持续发展的影响。

二、财务预算管理对可持续发展目标的影响评估

（一）财务预算管理与可持续发展目标的关联

在评估财务预算管理对可持续发展目标的影响时，需要明确财务预算管理与可持续发展目标之间的关联。对于每个可持续性指标，要分析财务预算的分配情况，探讨预算支出对指标改善的作用。例如，投入到环保项目是否实现了碳足迹减少，社会责任投资是否提升了社会形象等。

1. 经济维度的关联分析

在经济维度下，财务预算管理与可持续发展目标之间的关联是高校可持续性战略的核心。财务预算管理不仅需要考虑经济效益，还应当与可持续发展目标相协调，以实现资源的合理配置和资金的有效使用。以下是对这一关联的深入分析。

（1）资源的合理配置

财务预算管理的核心之一是资源的合理配置。在可持续发展背景下，资源的分配应当优先考虑支持可持续性目标的项目。例如，将资金投入到环保技术研发、社会责任项目等，以实现资源的可持续利用和未来发展的平衡。这有助于实现经济的可持续增长，同时也能够满足社会和环境方面的需求。

（2）投资回报率的分析

财务预算管理在经济维度的关联分析中需要注重投资回报率的分析。高校需要审慎评估项目的投资回报潜力，确保资金投入在具有潜在经济效益的领域。这与可持续发展目标之间的关联在于，投资回报率的高低将直接影响到高校在长期内实现财务稳定性和可持续增长的能力。

（3）经济增长与可持续性

财务预算管理需要考虑如何平衡经济增长与可持续性之间的关系。在可持续发展目标中，经济增长需要与社会、环境的可持续性相结合。财务预算管理应当促使高校在追求经济增长的同时，积极推进社会责任、环境保护等方面的发展，以实现整体的可持续性目标。

（4）风险管理与经济可持续性

财务预算管理在经济维度下的关联还表现在风险管理方面。高校需要评估项目的风险，避免财务预算管理中的决策对经济可持续性造成负面影响。同时，高校也可以通过适当的风险投资，推动创新和发展，为经济可持续性打下坚实基础。

（5）可持续性指标的财务关联

高校可以将财务预算管理与具体的可持续性指标进行关联。例如，将可持续性目标转化为财务指标，如环保项目的成本投入与节约、社会责任活动的经济效益等。这有助于将可持续性目标更具体地纳入财务预算管理中，实现经济与可持续性的有机结合。

在经济维度下，财务预算管理与可持续发展目标的关联体现在资源的合理配置、投资回报率的分析、经济增长与可持续性的平衡、风险管理和可持续性指标的关联等方面。高校需要在财务预算管理中充分考虑这些关联，以确保经济发展与可持续性目标的双赢。这样的关联分析将有助于高校在实现可持续发展的道路上取得更为显著的成果。

2.社会维度的关联分析

社会维度的可持续发展目标关注高校对社会的影响，包括社会责任履行和人才培养等。财务预算管理在社会维度的关联体现在对社会责任项目的投入和人才培养的支持上。例如，高校可能在财务预算中划拨一定资金用于社会公益活动，如奖学金、扶贫项目等，这与高校的社会责任履行是直接相关的。此外，财务预算管理对于教学和研究资源的投入也会影响人才培养的质量，从而对社会产生积极影响。

（1）社会责任履行与财务投入

高校作为社会的一部分，应当承担社会责任，贡献于社会公益事业。在财务预算管理中，通过划拨一定资金用于社会公益项目，如奖学金、扶贫项目等，高校可以直接参与社会责任的履行。这些投入不仅有助于解决社会不平等问题，还能够提升高校的社会声誉和形象。

（2）人才培养与教学投入

高校的核心使命之一是培养优秀人才，为社会提供具有创新能力和社会责任感的人才。财务预算管理对于教学资源的投入和人才培养的支持至关重要。例如，投入资金改善教学设施、提升教师水平等，都能够提高人才培养的质量和社会影响力。

（3）社会影响力的提升

财务预算管理的合理规划可以帮助高校提升其社会影响力。通过投入社会责任项目和人才培养，高校能够在社会中树立良好的形象。这不仅有助于吸引更多的优秀学生和教师，还能够吸引社会资源的支持，从而实现可持续发展的目标。

（4）教育与社会价值观的传递

高校承担着教育的使命，将社会价值观传递给学生。财务预算管理在教学资源的分配中应当充分考虑传递社会价值观的机会。例如，通过设置社会责任课程、开展公益实践活动等，高校能够培养出具有社会责任感和公民素养的毕业生，为社会的可持续发展作出贡献。

（5）利益相关者的满意度

高校的利益相关者，如学生、家长、社会机构等，关注高校是否履行了社会责任。财务预算管理对于满足这些利益相关者的期望和需求具有重要意义。通过投入社会责任项目，高校可以提升利益相关者的满意度，增强合作伙伴关系，进而推动可持续发展目标的实现。

在社会维度下，财务预算与可持续发展目标的关联体现在社会责任履行、人才培养、社会影响力提升、教育价值观传递和利益相关者满意度等方面。高校需要在财务预算管理中积极参与社会事务，将社会责任融入财务预算规划中，以实现社会与高校的共同可持续发展。

3. 环境维度的关联分析

在环境维度下，财务预算管理与可持续发展目标之间的关联主要体现在资源的使用效率和环保投资上。例如，高校可能将财务预算中的一部分用于改善能源效率、减少碳排放等环保措施，这直接促进了环境可持续性。财务预算管理的分配决策应当有助于降低能源消耗、减少废物排放，从而推动高校朝着更加环保的方向发展。

（1）能源效率的提升

高校在财务预算管理中，可以通过投入资金来改善能源利用效率。例如，投资于能源节约设备、智能化能源管理系统等，有助于减少能源消耗，降低运营成本，同时减轻对环境的压力，推动可持续发展目标的实现。

（2）环保措施的投入

在环保维度下，财务预算管理可以用于支持环保项目和措施的实施。高校可以将资金用于建设环保设施、开展环境保护活动等。例如，投资于垃圾分类设施、水资源管理项目等，有助于降低环境污染，提升高校的环境可持续性。

（3）碳足迹的减少

高校可以通过财务预算管理来降低其碳足迹，即单位产出所产生的二氧化碳排放量。投资于清洁能源、减少交通排放、推广绿色出行等，有助于降低碳排放，为环境的可持续性作出贡献。

（4）环境教育的推动

财务预算管理也可以用于推动环境教育的实施。例如，投入于开展环保宣传活动、举办绿色主题的讲座等，有助于提高师生对环境问题的认知，培养环保意识，从而促进可持续发展目标的实现。

（5）社会形象的提升

高校通过在财务预算中增加环保投资，可以在社会中树立良好的形象。积极关注环境问题，采取切实措施降低环境影响，有助于吸引更多关注环保问题的师生、合作伙伴和社会资源，推动可持续发展的实现。

深入分析每个可持续性指标与财务预算管理之间的关系，可以更好地理解财务预算管理在促进可持续发展方面的作用。高校应当在制定财务预算时，明确考虑各个维度的可持续性目标，确保预算分配与可持续发展目标相一致，以实现经济、社会和环境的平衡发展。

（二）影响机制的分析

评估财务预算管理对可持续发展目标的影响还需要分析影响机制。这包括了财务投入与目标实现之间的因果关系。定量分析和定性分析，可以揭示财务预算管理对可持续发展的贡献程度及其中的关键影响因素。

1. 资源分配与目标对齐

财务预算管理通过资源的合理配置，将资金投入到与可持续发展目标紧密相关的领域。资源分配与目标之间的对齐是影响机制的核心之一。例如，如果高校的可持续发展目标包括提高社会责任履行度，财务预算管理的分配应当优先考虑社会责任项目的资金需求，确保资源投入与目标的一致性。定量分析财务预算在不同目标领域的分配情况，可以揭示出预算分配对可持续发展目标实现的影响程度。

（1）对齐原则与目标制定

高校在财务预算分配时，首先需要明确其可持续发展目标。这些目标可能涵盖经济、社会和环境等多个方面。确立明确的目标，可以为资源分配提供明确的指导，确保分配与目标之间的一致性。

（2）资源分配的优先级

不同的可持续发展目标在实际推进过程中可能存在优先级差异。财务预算的分配应当考虑到这些优先级，将更多的资源分配给对实现目标影响更为显著的领域。例如，如果高校的社会责任履行在可持续发展战略中具有重要地位，财务预算的分配应当优先支持相关项目。

（3）预算分配对目标影响的定量分析

为了深入理解资源分配与目标之间的对齐程度，高校可以进行定量分析。量化不同领域的预算分配比例，以及实际达成的可持续发展目标，可以揭示出预算分配对目标实现的影响程度。这有助于评估哪些领域的资源分配对目标的实现具有更大的促进作用。

（4）目标达成度与预算分配的关联

高校可以分析已实现的可持续发展目标与相应领域的预算分配之间的关联。这可以帮助高校判断预算分配在不同领域的影响效果，从而优化未来的预算分配策略，确保资源得到更有效配置，实现更多的可持续发展目标。

2. 投资效益与目标影响

财务预算的投入在实现可持续发展目标时必须具备明显的投资效益。影响机制之一是分析财务预算投入对目标实现的直接和间接影响。例如，高校投入环保技术研发项目是否实现了能源消耗的降低，投入社会责任项目是否提升了校园社会形象等。定量分析投资项目的投入与实际效果之间的关系，可以确定财务预算管理在推动可持续发展方面的效益。

（1）投资项目选择与目标关联

在制定财务预算时，高校需要选择与可持续发展目标紧密相关的投资项目。这些项目可能涵盖环保技术研发、社会责任项目、人才培养等。确保投资项目与目标的直接关联性可以增加投资的效益。

（2）投资与目标影响的直接关系

高校可以分析财务预算投入与目标实现之间的直接关系。例如，高校投入环保技术研发项目是否实现了能源消耗的降低，投入社会责任项目是否提升了校园社会形象等。这些直接关系的分析可以帮助高校了解投资项目对目标实现的直接效果。

（3）投资与目标影响的间接关系

投资项目的影响通常会在更广泛的范围内产生涟漪效应，这被称为间接影响。例如，投资于人才培养可能会带来优秀学生的吸引，进而提升学校的声誉和社会形象。高校需要分析投资与目标之间的间接关系，以全面评估投资的效益。

3.可持续发展驱动与财务预算决策

影响机制还涉及了可持续发展目标对财务预算决策的驱动作用。高校是否将可持续发展目标纳入财务预算决策的考量是影响机制的关键因素之一。定性分析可揭示出财务预算决策中是否存在对可持续发展目标的积极关注，以及目标的具体影响力。例如，高校是否在财务预算编制中明确考虑了环保项目的投资，以及是否根据社会责任履行情况进行资金分配。

（1）可持续发展目标的融入

高校是否将可持续发展目标融入财务预算决策是影响机制的核心。如果高校将可持续发展目标视为战略优先事项，那么在财务预算编制过程中会明确考虑这些目标。这意味着财务预算决策将受到可持续发展目标的驱动。

（2）预算分配与目标关联

可持续发展目标对财务预算决策的驱动作用体现在资金分配的关联性上。高校是否根据可持续发展目标的重要性来分配资金，将直接影响到这些目标的实现。例如，高校在财务预算编制中是否优先考虑了环保项目的投资，以及是否根据社会责任履行情况进行资金分配。

（3）定性分析的价值

可持续发展驱动与财务预算决策的关系可以通过定性分析来揭示。定性分析可以探究高校决策者在财务预算编制过程中是否考虑了可持续发展目标，以及目标的具体影响力。这可以通过深入访谈、问卷调查等方式来进行，以获取相关信息。

（4）决策者的角色

高校的决策者在财务预算编制中起着关键作用。如果高校领导层将可持续发展目标纳入其优先议程，并将其传达给财务决策者，那么财务预算决策很可能会受到这些目标的驱动。决策者的意愿和决策过程的透明度都会影响财务预算决策中可持续发展目标的考量程度。

（5）目标实现的监测与回馈

将可持续发展目标融入财务预算决策后，高校需要建立监测和回馈机制，以确保这些目标得到实现。定期的目标评估和报告可以为决策者提供目标实现的信息，帮助他们更好地调整和优化财务预算决策。

4.绩效评估与目标追踪

绩效评估在影响机制中占据重要地位。财务预算管理的效果评估需要监测可持续发展目标的达成情况。影响机制之一是分析财务预算管理对绩效评估和目标追踪的影响。例如，高校是否建立了与可持续发展目标相关的绩效评估体系，以及财务预算管理在这个体系中的作用。定性分析，可以深入了解财务预算管理如何影响高校对目标达成情况的监测和评价。

（1）可持续发展绩效评估体系的建立

高校是否建立了与可持续发展目标相关的绩效评估体系，直接影响着财务预算管理对绩效评估和目标追踪的影响。这一体系应包括一系列的定量和定性指标，用于衡量高校在可持续发展方面的绩效，涵盖经济、社会和环境等多个维度。

（2）财务预算管理在绩效评估体系中的作用

财务预算管理在绩效评估体系中扮演着重要角色。财务预算编制时，高校可以明确将可持续发展目标转化为具体的财务指标，如社会责任投资占比、环保项目资金分配等。这些指标将作为绩效评估的依据，帮助高校衡量其在可持续发展方面的实际绩效。

（3）财务数据与目标追踪的关联

财务数据是绩效评估和目标追踪的重要信息源。财务预算管理的实际执行情况、资金分配情况等数据将被用于衡量高校在可持续发展方面的实际成绩。高校需要确保财务数据的准确性和及时性，以支持绩效评估和目标追踪的有效实施。

（4）定性分析的深入

定性分析，可以更深入地了解财务预算管理如何影响高校对可持续发展目标的监测和评价。定性研究方法，如深度访谈、案例分析等，可以帮助揭示高校决策者如何利用财务预算数据来评估目标的达成情况，以及如何根据评估结果调整财务预算策略。

绩效评估和目标追踪不仅用于评价已有的财务预算管理效果，还可以为持续优化和改进提供依据。通过定期的绩效评估，高校可以识别出实际绩效与目标之间的差距，并在财务预算编制过程中进行相应调整，以更好地支持可持续发展目标的实现。

（三）效果评估与持续优化

通过对财务预算管理对可持续发展目标的影响评估，高校可以得出结论，确定哪些方面取得了成效，哪些方面仍需改进。这可以为高校提供持续优化财务预算管理策略的依据，使其在可持续发展方向上不断进步。

1. 效果评估的步骤

（1）数据收集与整理

高校需要收集与可持续发展相关的数据，包括财务数据、环保数据、社会责任数据等。这些数据将用于分析财务预算管理对各个可持续性指标的影响。

（2）分析与比较

针对每个可持续性指标，高校可以进行定量和定性分析，评估财务预算管理的影响程度。比较指标在财务预算管理实施前后的变化，可以得出影响的具体效果。

（3）问题识别与深入分析

在评估过程中，可能会发现一些问题和挑战，例如某些目标未能达到预期效果，高校可以对这些问题进行深入分析，找出影响因素，探讨背后的原因。

2. 持续优化的策略

（1）基于评估结果制定策略

评估的结果为高校提供了指导，哪些方面取得了成效，哪些方面需要改进，高校可以根据评估结果制定具体的优化策略，调整财务预算管理的重点和方向。

（2）更新可持续发展策略

基于评估结果，高校可以适时更新其可持续发展战略。这可能涉及重新设定可持续性指标的权重、调整目标设定等，以更好地对财务预算管理的影响进行引导。

（3）经验分享与借鉴

高校可以将评估结果进行分享，与其他高校进行经验交流。通过借鉴他校的成功经验和教训，高校可以更有针对性地调整优化策略。

（4）建立反馈机制

高校可以建立反馈机制，从实际执行中收集反馈意见，了解各方面的实际效果，及时发现问题并进行调整。

（5）持续监测与调整

持续优化是一个不间断的过程。高校需要建立持续监测的机制，定期评估财务预算管理的效果，并根据实际情况进行灵活调整和改进。

通过对财务预算管理对可持续发展目标的影响评估，高校可以明确取得的成效和需要改进的方面。基于评估结果，高校可以制定具体的优化策略，不断优化财务预算管理，使其在可持续发展方向上不断进步，为实现可持续的未来做出积极贡献。

参考文献

[1] 袁晓.“互联网 +”背景下高校财务管理模式的转型分析［J］. 纳税，2020，14（08）：107—108.

[2] 季云瑞. 基于信息化的高校财务管理创新模式研究［J］. 财会学习，2020（02）：46—47.

[3] 钱宇晴，韦玮. 高校财务管理专业创新人才培养模式研究——基于国际化、金融化视角［J］. 智库时代，2020（05）：44—45.

[4] 徐乃亮. 资产清查视角下的高校资产管理与财务管理问题及策略［J］. 经济管理文摘，2020（13）：132—133.

[5] 张慧. 基于内控视角的水文基础设施建设项目财务管理探析［J］. 东北水利水电，2020（7）：59—61.

[6] 吴晓红. 基于内控视角的医院固定资产管理——以 W 医院为例［J］. 中国总会计师，2019（11）：163—165.

[7] 阳朝红. 内控视角下高校资产管理与财务管理结合探析［J］. 广西广播电视大学学报，2019（04）：90—93.

[8] 李红娜. 试论内控视角下的行政事业单位资产管理模式优化［J］. 中国乡镇企业会计，2019（06）：242—243.

[9] 潘启兵. 基于内控视角下公立医院资产管理模式的与风险管控研究［J］. 当代会计，2020（02）：85—86.

[10] 齐怡心. 高校财务管理系统、资产管理系统、采购管理系统衔接设计相关探索—以浙江农业商贸职业学院为例［J］. 山西青年，2022（19）：160—162.

[11] 司惠菊，周欣. 基于计财业务系统下的资产与财务业务协同应用——以中国气象局系统应用为例［J］. 北京印刷学院学报，2021，29（10）：22—25.

[12] 孙诣来，黄健，侯岱双. RFID 技术在应用型高校固定资产管理中的应用［J］. 长春工程学院学报（社会科学版），2022，23（3）：49—52.

[13] 韦晓冰. 内控视角下高校图书馆财务管理问题与对策［J］. 市场周刊，2021，34（06）：87—89.

[14] 季小红. 内控视角下高校资产管理与财务管理结合探析［J］. 行政事业资产与财务，2021（05）：21—22.

[15] 王官禄. 高校资产管理与财务管理融合的实践思考［J］. 会计之友，2020（20）：100—104.

[16] 章文炳. 内控视角下高校资产管理与财务管理的有机结合研究［J］. 产业创新研究，

2019（12）：148—149.

[17] 张瑶．内控视角下高校财务管理探究［J］．商讯，2019（30）：70—71.

[18] 王琛．浅析精细化管理在高校财务预算管理中的应用［J］．新经济，2016（7）：85—86.

[19] 房常华．预算在高校内控中的应用研究［J］．当代经济，2015（7）：64—65.

[20] 刘雁南．新预算法下优化高校财务预算管理路径探析［J］．经济研究导刊，2017（16）：111—114.

[21] 陈媛媛．智慧校园背景下高校科研财务一体化管理模式探究：以 × 高校为例［J］．行政事业资产与财务，2023（6）：39—41.

[22] 王琳，王春子，朱慧丽，等．业财融合背景下高校财务预算一体化管理的策略研究［J］．中国集体经济，2023（3）：162—164.

[23] 黄小华．智慧校园背景下高校财务管理一体化建设分析［J］．科技经济市场，2022（1）：74—76.

[24] 赵宇．基于业财一体化的高校财务管理工作探析［J］．行政事业资产与财务，2021（19）：92—93.

[25] 刘自强，邹积超．信息化视角下的高校财务业务一体化管理发展研究［J］．中国管理信息化，2020，23（21）：47—49.

[26] 潘文．人本财务视角下酒店固定资产财务管理规范化研究［A］．2022 年第二届创新人才培养与可持续发展国际学术会议论文集（中稳）［C］．2022：28—31.